I0146786

BIBLIOTHÈQUE

RELIGIEUSE, MORALE ET LITTÉRAIRE,

POUR L'ENFANCE ET LA JEUNESSE,

Publiée avec approbation

DE S. E. LE CARDINAL-ARCHEVÊQUE DE BORDEAUX.

Propriété des Editeurs.

VIE

DU VÉNÉRABLE

J.-B. DE LA SALLE

FONDATEUR DES ÉCOLES CHRÉTIENNES

A L'USAGE DE LA JEUNESSE CHRÉTIENNE, ET PRINCIPALEMENT DES
ÉLÈVES DES FRÈRES

PAR PAUL JOUHANNEAUD,

Chanoine honoraire, Directeur de l'Œuvre des Bons Livres.

LIMOGES

MARTIAL ARDANT FRÈRES, ÉDITEURS,

Rue de la Terrasse.

—

1859

A l'usage de la jeunesse chrétienne, est-il ajouté au titre de ce livre.

Nous devons appeler l'attention sur ces mots ; car aucune vie du Vénérable de La Salle *n'a encore été publiée pour cet âge.*

Le fondateur des Ecoles chrétiennes, en effet, s'est vu contredit, persécuté de toute manière par ceux mêmes qui devaient être ses premiers soutiens ; il a été mêlé, malgré lui, aux menées du Jansénisme dont les chefs per-fides s'ingénièrent à le rendre complice.

Or ces tristes récits, longuement exposés dans les *Vies* connues jusqu'à ce jour, sont-ils vraiment profitables à la jeunesse ?

Poser la question, c'est la résoudre. Outre le manque d'intérêt pour elle, ne lui offrent-ils pas le danger grave d'imputer à la religion ce qui n'est que le fait de quelques-uns de ses ministres, et souvent même la simple consé-

quence des faiblesses inhérentes à l'humanité ?
N'est-il pas à craindre que l'heureuse impres-
sion produite sur son cœur par la page de
gauche soit plus que dissipée par le scanda-
leux détail de la page de droite ? Combien de
lecteurs, faute d'études ou de réflexion, tour-
nent en objection contre le catholicisme préci-
sément une des plus solides preuves de sa
divinité; ne comprenant pas qu'il en est de
Jésus-Christ comme d'un général marchant de
victoire en victoire : plus vous supposez dé-
fectueuses ses armes, vicieux ses soldats, plus
vous constatez sa supériorité souveraine.

Les maîtres partagent bien notre conviction,
puisqu'ils font sauter à leurs élèves des feuilles
entières de cette *Vie* qui sert de lecture presque quotidienne.

Il n'en sera pas ainsi de ce volume; rien ne
s'y trouve qui n'instruise et n'édifie toute
l'école.

CHAPITRE I.

LES VIES DES SAINTS. — SURTOUT L'ÉLÈVE DES ÉCOLES CHRÉTIENNES DOIT CONNAÎTRE CELLE DU VÉNÉRABLE DE LA SALLE.

SANS doute, chers enfants, vous devez de bonne heure vous attacher à connaître du moins les principaux traits de la vie de tous les saints. Quelle lecture plus attachante, quelle étude plus utile ! Chaque jour on vous dit les moyens que vous avez à prendre pour appeler sur vous l'estime des hommes et les bénédictions du ciel ; et certes tel est bien le premier but de toute véritable éducation. Quelque instruit que puisse être un enfant, le dira-t-on jamais dignement élevé s'il est grossier, s'il est impie, si dans sa famille et à l'école il n'apparaît qu'entouré de mépris?

Or justement les œuvres des saints n'expliquent-elles pas de la manière la plus précise et la plus complète quelle est cette vie qu'il faut mener pour mériter toutes les approbations humaines et divines? Ce qui rend la vie belle, c'est la vertu : mais les lèvres les plus éloquentes pourraient-elles aussi clairement que l'exemple d'un saint vous montrer comment et à quel prix on l'acquiert, on la conserve, on la rend sublime? Vous comprenez aisément cela.

Oui donc, ces belles vies sont pour vous la traduction fidèle et vivante de la parole de vos maîtres ; elles vous en offrent le commentaire pratique et continuel.

Maintenant voici pourquoi vous devez plus particulièrement connaître la vie du Vénérable de La Salle. Très édifiante et très instructive aussi, c'est de plus celle du fondateur même des écoles où chaque jour Dieu vous donne la meilleure des éducations que vous puissiez recevoir. Or n'apprécie-t-on pas mieux un bienfait en voyant ce qu'il a coûté de peines et de sacrifices à la personne généreuse qui daigne nous le rendre? Des fils bien nés ne conservent-ils pas avec plus d'amour le patrimoine et le nom de leur père quand ils savent à quel prix ils ont été acquis, ce qu'il a enduré de travaux, de tribulations, de souffrances, afin de les leur transmettre dans toute leur étendue, dans toute leur gloire?

Par conséquent vous-mêmes ne remercierez-vous pas mieux le Seigneur des bons maîtres qu'il vous accorde, quand vous aurez appris suffisamment comment et à qui vous devez leur infatigable dévouement pour vous?

Sachez-le donc, oui, c'est celui dont le nom figure en tête de ce livre; oui, c'est le Vénérable Jean-Baptiste de La Salle qui, il y a deux cents ans à peu près, s'est le premier occupé en France d'organiser dans de vastes proportions l'*instruction gratuite* de tous les enfants nés dans des conditions semblables aux vôtres.

De tous, disons-nous; car assurément l'Eglise en particulier n'a jamais cessé de se préoccuper des petits enfants. Autour des évéchés, des cathédrales, des monastères, des moindres clochers de campagne, çà et là se sont bien toujours trouvées des écoles. Mais l'existence, la grandeur de ces institutions, dépendaient du zèle particulier, du temps disponible, et des ressources de chacun de ceux qui les établissaient; de sorte que les désirs de l'Eglise n'étaient que très incomplètement réalisés. Faute d'un centre d'action et d'une congrégation spéciale, un petit nombre d'enfants pouvait seul recevoir l'instruction dans quelques localités plus favorisées par les circonstances.

Rien n'établit mieux cette vérité, et en même temps ne montre mieux à votre cœur l'importance des bienfaits dont vous jouissez et le mérite du Vénérable de La Salle, que ces paroles d'un curé de Paris. Certes, si dans la capitale les enfants étaient ainsi abandonnés, que devait être leur condition dans les autres villes et dans les bourgades?

« O bon père, disait-il à votre fondateur dans chaque visite qu'il rendait aux classes, quelle foule d'élèves! quelle œuvre! quelle grâce du ciel! Où seraient maintenant tous ces pauvres enfants, s'ils n'étaient pas ici avec vous? on les verrait courir dans les rues comme de petits vagabonds, insulter les passants, se battre entre eux, et faire à leurs dépens le funeste apprentissage du mal et du péché... Soyez en à jamais béni de Dieu! »

Si donc maintenant, chers enfants, non-seulement les portes d'une école vous sont ouvertes presque partout, mais encore si on presse vos parents de vous y introduire, rendez-en grâces au Vénérable de La Salle. Oui c'est bien lui qui, le premier, améliora ce triste état de choses. C'est lui qui, inspirant son zèle à quelques pieux jeunes gens, s'en forme bientôt de généreux disciples à qui il communique sa sollicitude, son amour pour vous, sa science dans l'art si difficile de l'enseignement. Ce sont enfin ses paroles, ses conseils, ses règlements, ses saints exemples, qui entretiennent encore chez leurs successeurs cette vie de dévouement qui n'a et ne peut avoir qu'au ciel sa récompense suffisante et légitime.

Lisez, lisez donc attentivement cette très belle vie du prêtre que nous appellerons souvent ici votre bienfaiteur, ou que nous nommerons de ce doux nom d'AMI DE L'ENFANCE que l'histoire lui a consacré. Chacune de nos pages, si vous demandez à Dieu la grâce de bien l'entendre, enrichira vos âmes d'excellentes pensées; la moindre action qui y sera racontée vous rendra assurément meilleurs.

Et voici notre travail pour que cette lecture produise chez vous tous ces fruits salutaires, pour qu'elle vous offre plus d'utilité, plus de charmes. Nous nous sommes attaché de préférence aux faits dont l'enseignement n'est pas au-dessus de votre âge, aux actes de vertu que vous pouviez comprendre et imiter dès à présent. Plus tard, nous sommes-nous dit, lorsque ces chers enfants auront terminé leurs études, pendant les repos que leur laisseront les plus ou moins rudes travaux qui soutiendront leur existence, ils liront dans de plus gros volumes le développement d'une foule de choses que nous ne ferons qu'indiquer.

Indiquer, disons-nous ; car ces choses nous ne les omettons pas, remarquez-le bien , puisque nous voulons vous offrir une vie complète , quoique abrégée. Seulement nous ne les expliquons point. En voici la raison. Pour vous rendre une telle histoire sûrement profitable dans les moindres lignes, il nous faudrait y joindre une espèce de dissertation que vos connaissances actuelles ne comportent pas. Mais alors , et d'autre part , fussiez-vous en état de la saisir, ce volume , nécessairement grossi, ne serait plus qu'une longue controverse historique et religieuse ; de semblables études n'intéresseraient guère la plupart d'entre vous.

Lisez donc, encore une fois, pieux enfants , ces pages qui vous sont spécialement destinées. Oh ! que notre travail serait surabondamment récompensé si nous pouvions vous inspirer, à l'égard de vos chères classes, les sentiments qui animaient un des meilleurs prêtres du commencement de ce siècle, le digne abbé Carron, lorsque, arrêtant sur elles son regard , il s'écriait :

« Honneur et mille fois honneur à vous, *Ecoles chrétiennes* établies pour les enfants du peuple , pépinières si précieuses de l'Eglise et de l'Etat;

heureux noviciat du christianisme, asile du pre-
mier-âge contre la corruption du siècle ; asile qui,
mettant son innocence à couvert, lui conserve le
trésor inestimable de la grâce baptismale ; refuge
pour ces autres petits infortunés qui déjà commen-
çaient à se perdre au milieu du monde ; exercices
publics établis pour apprendre la science du salut
et la pratique des vertus chrétiennes ; académies
saintes où l'on prépare les enfants à cette guerre
spirituelle qu'ils auront à soutenir toute leur vie
contre les ennemis du salut, où l'on forme les
pieux artisans, les vertueux magistrats, les bons
pères de famille, les saints prêtres ! O sanctification
de la jeunesse, œuvre des œuvres, sois bénie
jusque chez nos derniers neveux ! »

CHAPITRE II.

Le Vénérable de La Salle naquit à Reims, chef-lieu d'arrondissement de la Marne, et dans ces temps capitale de la Champagne, le 30 avril 1651.

Vincent de Paul approchait alors de la tombe ; encore neuf années, et le 27 septembre 1660 l'illustre prêtre de Dax allait laisser à la terre un nom que bientôt on connaîtrait partout, qui arracherait aux plus méchants, aux plus impies, des paroles d'admiration et de respect.

Quelles que soient les forces de la santé, de

l'intelligence, du génie d'un saint, elles ne suffisent jamais à réaliser même une partie entière
des généreuses pensées de son âme. Enfant d'Adam,
par conséquent sujet aux maladies et aux infirmités, il lui faut, comme à nous tous, après un
pèlerinage plus ou moins court et laborieux sur
cette terre d'exil, dire aux vers : Vous êtes mes
frères; à la pourriture : Tu es ma sœur! Nés hier,
demain nous ne sommes plus! Oui, hélas! si le
cœur d'un saint ne vieillit jamais, on ne peut dire
cela de son corps. Il s'affaiblit chaque jour, ses
organes s'usent d'autant plus vite qu'il a été em-
ployé sans relâche, sans réserve, à un labeur
surhumain. De sorte que même le centenaire se
voit contraint d'abandonner sa tâche bien-aimée,
d'interrompre ses travaux au moment où, selon
lui, ils sont à peine commencés. Ainsi chaque
jour, sous nos yeux, le laboureur tombe au milieu
du sillon qu'il vient d'ouvrir ou de moissonner...
La mort arrive! à un autre de prendre la charrue
ou de recueillir les fruits de ses sueurs. Tel est
l'ordre de Dieu. Malheur toutefois à celui qui,
craignant de hâter la venue de la mort, use ses
jours dans la mollesse et l'oisiveté !

Absorbé par ses immenses occupations, Vincent
de Paul n'avait donc pu que poser çà et là les
fondements de l'œuvre de l'éducation chrétienne

des petits enfants du peuple ; le temps lui avait fait défaut pour établir dans un vaste système d'ensemble ces saintes et nombreuses écoles que nous voyons élevées partout de nos jours. Mais ce que n'avait pu achever le glorieux créateur de l'institution des Sœurs de la charité, des Missionnaires lazaristes et des Enfants abandonnés, Dieu le réservait au zèle de celui que Reims devait bientôt mettre au nombre de ses gloires les plus pures.

Comme Vincent de Paul, brûlant d'amour pour Dieu et les hommes, comme lui s'oubliant pour faire le bien partout et toujours, s'animant de ses paroles, de ses écrits, de ses exemples, le Vénérable de La Salle était appelé à le compléter pour ainsi dire, à le continuer dans ce genre particulier de la charité évangélique.

Comme Vincent de Paul, il devait accomplir un des premiers vœux du Sauveur de nos âmes. Si, selon la sentence divine, un des plus grands crimes se trouve dans le scandale donné aux faibles et aux pauvres, est-ce que par conséquent Jésus ne bénit pas une des plus saintes choses dans le salut procuré à ces créatures préférées de son cœur ?

Comme Vincent de Paul, il devait glorifier le catholicisme, surtout en le vengeant des attaques de l'hérésie. *Aux fruits on connaît l'arbre,* a dit Notre-Seigneur. Or ces deux Justes et leurs établissements admirables ne sont-ils pas un défi permanent porté au protestantisme, ne lui prouvent-ils pas son impuissance et son néant? L'erreur a-t-elle produit, il y a deux siècles ; produira-t-elle jamais de pareilles âmes, de pareilles institutions?

Commençons donc ces pages en répétant : Honneur éternel, honneur à ces deux apôtres de la charité! Que nulle part on ne s'entretienne de l'un sans aussitôt mentionner l'autre. Que dans tous les livres consacrés à la défense et à la gloire de notre religion sainte, leurs histoires et leurs noms se trouvent toujours rapprochés, comme dans les galeries et les écoles chrétiennes se joignent leurs deux portraits glorieux. En vérité, un écrivain moderne a bien raison de dire :

« L'abbé de La Salle, ce génie si fécond, cet homme si grand et si modeste, ce tendre ami de l'enfance, est le fondateur de ces écoles destinées à servir de rempart contre le vice et d'appui à la vertu. Sa belle âme s'est rencontrée dans les régions de l'éternité près de celle de saint Vincent de Paul : à jamais réunis, ces deux héros de l'humanité, marchant d'un pas égal sur deux lignes parallèles, traverseront majestueusement les siècles.

Les hommes auront effacé de leur esprit les noms des conquérants, des orateurs, des philosophes, qu'ils continueront encore de chanter dans leurs cantiques de joie les bienfaits de Vincent de Paul et de de La Salle. S'il est de l'ingratitude parmi les individus, l'humanité entière ne fut jamais ingrate. Aussi longtemps qu'il y aura des pauvres à vêtir, des ignorants à instruire, leur double mémoire sera en bénédiction ; partout on s'inclinera devant leurs noms vénérés. »

CHAPITRE III.

Louis de La Salle , conseiller au présidial de
Reims, et sa digne épouse , Nicole Moët de Brouillet,
eurent sept enfants. Tous vécurent, tous se distinguèrent par leurs vertus. Mais le plus remarquable d'entre eux , sous ces précieux rapports ,
celui qui rehaussa la célébrité de toute cette famille ancienne , fut le fils aîné dont nous avons le
bonheur de vous entretenir. En lui elle conquit
des lauriers autrement glorieux que ceux qui jusqu'alors avaient couronné ses ancêtres.

Le nom de La Salle est une modification de
celui de *Salla.* Un seigneur Béarnais ainsi appelé

s'illustra en combattant pour Alphonse le Chaste,
roi de Navarre, aux côtés duquel il eut les jambes
fracassées en 818. Elevé au rang des nobles, il
transmit ses titres à ses descendants, qui plus
tard s'établirent en France.

Le nom de baptême du fondateur des écoles
chrétiennes fut JEAN-BAPTISTE; prénom providen-
tiel ! Comme celle du fils de Zacharie et d'Elisabeth,
la vie de de La Salle ne fut-elle pas en paroles
et en œuvres une prédication continuelle du Sauveur passant ici-bas méconnu, outragé, persécuté,
et faisant constamment le bien à ses plus injustes
ennemis? Ce vrai serviteur de Dieu ne devait-il
pas, par sa foi invincible, par son humilité profonde, rappeler au milieu de nous ce saint pré-
curseur qui, avant d'être martyrisé pour la justice,
annonçait partout son divin maître, *ne se reconnaissant pas digne de délier les cordons de sa chaussure!*
« Le Père de La Salle, dit un illustre académicien,
est à mes yeux le type du grand homme *modeste.* »
Mettons *humble* au lieu de *modeste.* Les mondains,
ne comprenant rien à l'humilité chrétienne, ne
savent pas employer ce mot; le fondement de
toute vertu n'est pour eux qu'abjection, bassesse.

Jean-Baptiste reçut d'abord du ciel une très
grande grâce : fut-elle d'être né au sein d'une
famille qui, soutenant sa noblesse depuis sept cents

ans., avait donné à la France et à ses rois des
généraux, des gouverneurs, des magistrats souvent célèbres? Non ; cela n'est point une vraie
grâce. Il est des cœurs chez qui ces traditions d'un
patriotisme persévérant ne font que produire de
très bonne heure la vanité, l'orgueil. S'ils rap-
pellent continuellement le souvenir de leurs aïeux,
ce n'est point pour y chercher eux-mêmes une
ligne de conduite, une loi qui les oblige à soutenir la gloire acquise par ces noms chers au pays ;
cette noblesse d'origine est pour eux un moyen
d'obtenir des honneurs, des fonctions dont ils sont
indignes ; par elle ils se croient autorisés à mé-
priser leurs semblables, et pas autre chose. Les
insensés!...

La faveur céleste accordée à Jean-Baptiste fut-
elle d'être né de parents très riches? Non, chers
enfants, non. La fortune n'est ni ne sera jamais
le premier bien de l'homme. Loin d'être pour lui
une réelle bénédiction, elle devient au contraire
bien vite trop souvent la cause plus immédiate de
péchés plus nombreux et plus graves de sa part ;
elle ne le conduit que trop souvent à sa perdition
éternelle. *Qu'il est difficile,* a dit Notre-Seigneur
Jésus-Christ, *qu'il est difficile à un riche d'entrer dans
le royaume des cieux !* Puisque la Vérité même, vous
le savez, a prononcé cette sentence dans l'Evan-

gile, nous Lui ferions outrage, vous en doutant de sa valeur, moi en cherchant à vous en convaincre. Aussi bien n'ajouterai-je que cette réflexion : Si la fortune était une grâce, une faveur, verrions-nous Dieu l'accorder largement, comme il le fait, aux ennemis de son Eglise, aux blasphémateurs de son saint nom ? Si la fortune était une grâce, pourquoi Jésus est-il né sur la paille d'une étable, a-t-il passé trente ans dans l'humble atelier d'un charpentier, maniant la scie et le marteau pour gagner sa vie; a-t-il choisi pour reposer sa tête la pierre du chemin et pour couche dernière une croix ? Celui qui devait être en tout notre modèle aurait-il pris ainsi pour unique partage l'indigence extrême, le dénûment absolu, si dans le ciel tout comme sur la terre la félicité dépendait de la quantité plus ou moins grande de pièces d'or dont nous pourrions disposer? Non, évidemment non; aussi Jésus–Christ a-t-il répété : *Bienheureux les pauvres... Malheur aux riches!*

Maintenant donc, chers enfants, vous comprenez de quelle faveur il s'agit pour de La Salle quand nous vous disons qu'en naissant il fut bien privilégié du ciel. Et vous répondez : Son privilége céleste, c'est d'avoir eu des parents très vertueux, très chrétiens.

Oui, voilà la faveur incomparable : la piété

chez les auteurs de ses jours ; oui, voilà ce qui
vaut mieux pour un enfant que l'or et les honneurs dont ils pourraient être en possession et
qu'ils auraient à lui transmettre un jour. Venu
au monde dans un humble réduit, l'enfant qui a
pour père et pour mère de pauvres ouvriers craignant Dieu et l'adorant de tout leur cœur, est aux
yeux de la foi, et au jugement des saints anges,
cent fois, mille fois mieux partagé que cet autre
enfant qui, né dans un magnifique palais, ou
même près des marches du trône, n'a pour parents
que des orgueilleux et des impies.

Enfin, pour vous montrer comment Jean-Baptiste
correspondit à la pieuse et tendre éducation qu'il
reçut dès le berceau, nous allons diviser ce chapitre en trois principaux paragraphes. Tous les
historiens, sans exception, nous parlent de trois
habitudes contractées alors par le saint enfant.
Enseignement précieux, instruction directe que
vous devez mettre à profit dès à présent. Si les
vies des âmes qui nous ont paru davantage aimer
Dieu, et qu'il a lui-même plus visiblement aimées,
ne nous sont pas en vain mises sous les yeux, ce
vous est donc un devoir de considérer le plus possible dans leur valeur et leur touchante beauté les
exemples donnés par Jean-Baptiste de La Salle,
encore petit enfant.

§ I.

Son désir de s'instruire des vérités de la foi.

De La Salle connaissait à peine son alphabet, peut-être bégayait-il encore sur les genoux de sa pieuse mère, que déjà il sentait combien nous devons craindre de ne prononcer jamais assez bien, de ne louer jamais dignement les noms sacrés de Jésus et de Marie. Heureux enfant! comme son front s'inclinait avec respect, comme ses petites mains se joignaient dévotement chaque fois que ces deux mots se rencontraient dans les prières qu'on lui apprenait! A tout instant il les redisait, sans se douter que, proférés par un cœur aussi innocent et aussi pur que le sien, ces simples syllabes formaient à elles seules la plus touchante et la plus efficace de toutes les supplications!

O bien chers enfants, comment vos lèvres prononcent-elles, votre conduite glorifie-t-elle chaque jour ce doux nom de Jésus, *devant qui tout fléchit au ciel, sur la terre, dans les enfers;* ce beau nom de Marie *qu'on ne proféra jamais avec foi sans être bientôt exaucé!*

Ce qui distinguait surtout le saint enfant, c'est qu'il ne lui suffisait pas de prier avec attention, parce qu'on le lui recommandait, parce qu'il avait sous ses yeux l'exemple de ce recueillement que la prière demande pour être agréable à Dieu. Non. Dès l'âge de *quatre ou cinq ans* (et remarquez ces mots que l'histoire ne nous a pas transmis sans raison), ayant compris la nécessité de la prière, il voulait en bien connaître les qualités, les fruits, les avantages précieux; il voulait que son cœur goûtât le plus possible les motifs qu'il avait d'aimer le bon Dieu, pour l'honorer et le servir d'une manière moins indigne de sa toute-puissance et de son amour infini.

Ainsi pressait-il de questions continuelles à cet égard ses religieux parents, toujours heureux de lui répondre et de l'instruire. Il prêtait attention aux touchantes histoires qu'on lui racontait, et il préférait celles qui étaient tirées de l'Ecriture sainte ou des annales de l'Eglise, parce qu'il en gardait le souvenir bien moins dans son esprit que dans son cœur reconnaissant.

Mais comme c'est surtout dans les temples du Seigneur qu'est distribué *le pain de la parole de vie,* selon l'expression de l'Evangile, c'est surtout là qu'il aimait à se rendre pour écouter les ministres de Jésus-Christ.

« L'aimable enfant sortait-il de la maison, dit un de ses historiens, c'était toujours pour visiter le Seigneur dans ses temples ; on lui faisait comme violence lorsqu'on le conduisait ailleurs ; là sa piété offrait quelque chose de ravissant ; on ne concevait pas comment un enfant de son âge pouvait être si parfaitement appliqué à adorer Dieu en esprit et en vérité. S'il échappait à son profond recueillement, il considérait tout ce qui se passait à l'autel, pour faire ensuite des questions aussi intéressantes qu'elles étaient au-dessus de son âge. »

Retenez encore ces lignes, chers enfants ; elles vous disent comment, grâce à la bonté divine, vous aussi, appelés de très bonne heure à connaître Jésus et Marie, à comprendre les saintes vérités de notre religion, à savoir prier Dieu, vous devez être avides d'acquérir au plus tôt ces précieux, ces divins talents. Oui, toutes les sciences ont leur valeur : la grammaire, l'écriture, l'arithmétique, le dessin, sont dignes de votre application, puisqu'un jour ils vous aideront à gagner votre vie et à dédommager vos parents des sacrifices qu'ils s'imposent pour votre éducation. Oui, toutes ces études sont bonnes ; et vous voyez que vos maîtres, loin de les dédaigner, vous les recommandent au contraire, et s'appliquent avec patience à vous y faire obtenir des succès. Toutefois, non-seulement aucune d'elles, mais encore toutes ensemble, rappelez-vous-le bien, ne valent pas la science d'une seule page de votre catéchisme, et encore moins l'acquisition d'une vertu que cette page pourra vous faire connaître et pratiquer, si avec ferveur vous le demandez à Dieu. Pourquoi? Le Vénérable de La Salle vous répond, dès sa petite enfance, par ces paroles de nos saints livres, dont déjà, à son insu, sa vie entière n'était que la traduction visible :

Vanité des vanités, excepté aimer Dieu et le servir.

Or, il n'y a qu'une chose nécessaire à l'homme, c'est le salut.

A quoi vous servirait de gagner le monde entier, si vous perdez votre âme ?

Plaise à Dieu que je ne me glorifie jamais en autre chose qu'en Jésus crucifié !

Et l'Imitation de Jésus-Christ, ce beau livre dont nous vous recommandons instamment la lecture, répond aussi très bien à la question que nous vous avons posée : *La science vaut-elle mieux que la vertu?* quand elle vous dit : « Que sert la science, sans la crainte de Dieu? Un pauvre paysan qui sert bien Dieu vaut beaucoup mieux qu'un philosophe superbe qui, négligeant les affaires de son salut, s'occupe à considérer le cours des astres...

» Au jour du jugement, on ne nous demandera pas ce que nous aurons lu, mais ce que nous aurons fait ; ni avec quelle éloquence nous aurons parlé, mais avec quelle sainteté nous aurons vécu.

» Dites-moi où sont maintenant tous ces docteurs fameux par leur science? d'autres occupent leur place, et ne pensent seulement pas à eux. Ils semblaient être quelque chose durant leur vie, et maintenant personne n'en parle.

» Celui-là seul est vraiment savant qui sait faire la volonté de Dieu... »

§ II.

Son amour pour les temples de Dieu

Cet acte de piété mérite une mention particulière. La pensée qui nous porte vers l'Eglise, la manière dont nous nous y tenons, n'influent-elles pas beaucoup en effet sur nos sentiments religieux?

Si nous y entrons comme dans un lieu vulgaire, si nos regards se promènent sans cesse à droite et à gauche, si notre attitude nonchalante, notre air dissipé, en un mot notre extérieur tout entier y est un scandale pour nos frères, un outrage à Dieu, n'est-il pas certain que, en punition de notre sacrilége indécence, la foi s'éteindra de plus en plus dans nos cœurs, et avec elle notre déjà si faible amour de la vertu?

Supposez au contraire que nous faisons tous nos efforts pour contenir nos sens, pour bien y régler toute notre attitude, comme si nous nous trouvions dans le palais et en présence d'un puissant monarque de la terre, n'avons-nous pas alors tout droit d'espérer que Dieu, satisfait de notre bonne volonté, prenant en pitié notre ardent désir de l'honorer, nous récompensera? c'est-à-dire il augmentera notre foi, il nous rendra douces et consolantes les plus grandes violences que nous pourrions nous imposer pour nous tenir très bien, et surtout il exaucera mieux les prières que seule notre posture humble et suppliante lui adressera en cet heureux moment. Dieu n'est ni ne peut être ingrat. A plus forte raison trouve-t-on accès dans son cœur quand on vient dévotement le supplier, le bénir, l'adorer aux pieds de son tabernacle, trône même de sa clémence, centre adorable des trésors de ses miséricordes.

Le pieux enfant que nous vénérons sentait déjà

bien cette vérité, puisque, sans se rendre compte
ni de la grandeur ni du sens des mystères, des
cérémonies que l'Église glorifie ou célèbre dans
ses temples, il ne franchissait jamais le seuil de
ces lieux sacrés sans une espèce de saisissement
qui frappait tout le monde. Il aimait à s'y trouver,
à y passer des heures entières, quoiqu'il ne sût
pas encore ce qu'il avait à faire et à dire dans ces
visites, ni le genre et la quantité des biens qui
en résulteraient pour lui. Oui, longtemps, très
longtemps avant le jour désiré de sa première
communion, le tendre enfant ne voyait dans la
moindre chapelle, tout comme dans la vaste cathé-
drale de Reims, que la demeure du Roi des rois;
c'était bien là pour les yeux de son âme si pure
la résidence que le Maître tout-puissant des cieux
daigne, par amour pour nous, se choisir çà et là
sur notre pauvre terre.

Puisque vous voyez comment le bon Dieu rendait douce et attrayante à ce petit enfant la fré-
quentation de ses tabernacles, n'allez pas maintenant nous demander quels étaient ses divertissements habituels. Écoutez ce que disent à peu
près tous ses historiens : « Sa piété devint visible
même dans les jeux propres à son âge; ils l'en-
nuyaient dès qu'ils ne le rappelaient pas à Dieu :
former des chapelles, imiter les cérémonies de

l'Eglise, tels furent ses premiers amusements. Nul endroit de la maison paternelle ne lui plaisait autant que celui d'un petit oratoire qu'il s'était dressé lui-même. »

Quel signe de prédestination! Faites de même, chers enfants; quelque étroit et pauvre que soit le toit que vous habitez, dressez-y un petit autel, surtout pour le mois de Marie. Un crucifix, une statue de la sainte Vierge, quelques fleurs suffisent. Et vos parents seront les premiers à vous procurer ces précieuses choses.

O Vénérable de La Salle, tendre ami, protecteur et modèle du jeune âge, régnant maintenant au ciel, auprès de ce Jésus que tu as tant aimé et glorifié pendant ton laborieux et trop court passage en ce monde, inspire-nous à tous, obtiens surtout pour ces innombrables enfants élevés à l'ombre des murailles où tu abrites leur innocence, ton amour, ton respect profond pour les saintes demeures de Dieu! fais au moins qu'ils observent ces règles si simples qu'un jour ta main traça pour eux à cet égard, et que nous avons tant de bonheur à relire nous-mêmes, et à méditer!

« L'enfant vraiment pieux sait bien comment il doit se tenir à l'église. Il n'ignore pas que s'y comporter mal est une offense à Dieu, qui daigne

y résider par amour pour nous, et qu'à l'égard
de nos frères qui nous entourent c'est un scandale
dont on aura à rendre compte au jour du Jugement.

» Cependant, comme il n'est pas rare de rencon-
trer d'excellents enfants qui, par légèreté et par
ignorance seulement, manquent à la décence et
au respect dû à nos saints temples, nous devons
leur signaler quelques mauvaises habitudes qu'ils
prennent ; nous seconderons ainsi les bonnes intentions où ils sont de plaire en tout à notre divin
Sauveur Jésus-Christ.

» Comme vous le voyez, chers enfants, prêtez-
nous donc bien attention. Dans ce chapitre il s'agit
de choses bien plus importantes que celles qui
concernent la simple civilité.

1° Ne vous présentez pas à l'église avec des
vêtements sales, déchirés, tels qu'en cet état vous
n'oseriez aller dans aucune maison honorable.

2° Prenez de l'eau bénite. Des grâces particulières sont attachées à cet acte religieux. Que
l'extrémité de vos doigts seulement touche le
bénitier ; si, par inattention, ils se trouvaient
chargés de l'eau sainte, ne les secouez pas avec
force du côté du pavé ou des murailles, mais sur
le bénitier même, doucement et sans qu'on s'en
aperçoive.

3° Dès que vous êtes entré, mettez-vous à genoux, et n'allez pas vous asseoir sans façon, comme si vous vous présentiez chez un condisciple. Votre Dieu, daignant vous accueillir chez lui, ne mérite-t-il pas au moins un salut respectueux?

» Si vous aviez à passer devant le tabernacle où repose le très saint Sacrement, agenouillez-vous un instant. Selon un usage reçu, les femmes ne font qu'une révérence profonde.

4° En vous rendant à votre place, ne courez point, ne gênez personne, ne saluez non plus personne, si ce n'est d'un regard modeste et grave, ou d'un très léger signe de tête.

5° Rendu à votre place, priez d'abord quelque temps à genoux; puis prenez un livre ou écoutez le sermon, ou suivez les prières et les cérémonies sacrées.

» Levez-vous ou même asseyez-vous, si vous en avez besoin; mais, dans l'un et l'autre cas, que votre pose soit pleine de gravité et de décence. Point de regards à droite et à gauche, point de causeries, de rires, de signes, de gestes, avec qui que ce soit. En présence d'un roi de la terre, qui donc oserait mal se tenir? or le Dieu de nos temples n'est-il pas par excellence le Seigneur des seigneurs, le Roi des rois?

6° Mais comme il est impossible de dire en

détail ce que vous devez faire pendant les divers offices de l'Eglise, nous nous bornons à ces mots : Si le silence, la crainte respectueuse, l'attitude profondément recueillie, la bonne tenue, sont nécessaires toujours quand on a le bonheur de se trouver en face de Celui que les anges adorent, cet état du corps et de l'âme est surtout exigé de nous quand nous assistons à l'auguste, au redou- table, au trois fois saint sacrifice de la messe.

» Oh ! sois mille fois béni de Dieu, cher enfant, qui, venant dans son temple, y as toujours été un modèle d'édification ! »

§ III.

Sa conduite en famille et à l'école.

Quel que soit notre désir de vous présenter en entier le délicieux et édifiant tableau des qualités et des vertus qui distinguèrent de La Salle dans ses premières années, nous ne pouvons, chers enfants, qu'en esquisser une faible partie. Mais comme pour connaître la richesse d'un parterre il n'est pas besoin d'en connaître toutes les fleurs, et de les examiner une à une, parce que trois ou quatre suffisent ; de même, pour nous porter à l'admiration de la jeune âme que nous étudions en ce moment, doit-il nous suffire d'en considérer quelques traits; ils nous en manifesteront la beauté entière.

Choisissons toutefois ceux qui mettront plus en évidence le nombre et la grandeur de certaines fautes que vous commettez plus fréquemment sans vous en corriger. L'exemple de de La Salle enfant vous aidera à les éviter, rien qu'en vous montrant les conséquences heureuses des vertus opposées.

Car, encore une fois, chers élèves, Dieu n'ordonne pas sans raison à son Eglise de conserver précieusement la mémoire, de recueillir avec tout le soin possible les actes de ses saints. Ce n'est pas sans raison qu'il veut que ces vies soient écrites sur le papier, sur le bronze, sur le marbre, immortalisées par les statues, les tableaux, les monuments. Dieu commande ces travaux, et il les protége pour que les saints soient connus partout, et que les générations se transmettent, se racontent et leurs noms, et leurs œuvres, et leur gloire.

Mais, d'autre part, de cette volonté bien évidente de Dieu ressort cette autre question qui s'adresse à vous directement. Pourquoi tient-il tant à ce qu'on imite les saints? Sans nul doute, c'est parce qu'ils ont fait le bien, et pour que nous le fassions comme eux. Mais alors, si nous, nous faisons le mal, imitons-nous les saints? Non, évidemment. Donc, en menant une conduite opposée à la leur, loin de mériter comme eux une récompense, nous ne sommes dignes que de châtiments. Soutenir qu'il n'en est pas ainsi, c'est proférer un odieux blasphème, puisque c'est prétendre que, d'un côté, Dieu nous recommande bien la vertu, prend bien tous les moyens pour nous dire comment on arrive à la pratiquer; mais, d'un autre côté, peu lui importe que nous l'écoutions. Oui, n'est-il pas vrai, il n'y a que l'insensé ou l'impie qui ose avancer cette assertion sacrilége.

Donc encore, puisque Dieu offre à votre imitation un enfant de votre âge, c'est afin que vous tâchiez de lui ressembler. La conséquence est rigoureuse.

1° On remarqua chez lui une obéissance admirable à l'égard de ses parents. Il nous est dit qu'il se plaisait en leur compagnie, qu'il s'étudiait sans cesse à leur montrer sa reconnaissance et son amour; que non-seulement jamais il ne leur fit de la peine, mais qu'au contraire il fut toujours leur douce consolation. La preuve bien rappante de la tendresse et de l'estime qu'il leur inspirait lui-même par sa conduite exemplaire, est celle que vous allez trouver bientôt dans l'empressement avec lequel ils consentirent à le laisser embrasser l'état ecclésiastique, bien que cela contrariât leurs projets; car leur premier désir était de le voir perpétuer le nom et la famille à laquelle ils étaient fiers d'appartenir.

Ici nous vous révèlerons en trois mots le secret de la piété filiale du bienheureux enfant. Voulez-vous mériter comme lui, sous ce rapport, les bénédictions du temps et de l'éternité? pénétrez-vous comme lui des exemples qui nous sont donnés par cet enfant Jésus que vingt fois du jour on vous remet sous les yeux. Toutes les leçons de piété filiale se trouvent là.

Si l'histoire ne nous dit rien de la conduite de Jean-Baptiste à l'égard de ses maîtres pendant sa petite enfance, certes ce n'est point parce que les vertus du parfait écolier lui manquèrent, mais parce que ses pieux parents voulurent être eux-mêmes ses instituteurs.

2° Rien ne plaît tant à des parents que la paix et l'harmonie qu'ils voient régner au sein de leur famille; rien n'est plus agréable à Dieu que l'union parfaite entre des frères et des sœurs. Ces paroles sont tout au long répétées dans la sainte Écriture. Eh bien! nul plus que Jean-Baptiste

ne contribuait à établir cette étroite amitié entre
frères, quoiqu'il fût encore beaucoup trop jeune
pour sentir ce que ce spectacle avait de beau,
de touchant aux yeux du Seigneur et de ses
anges. Aîné par l'âge, il l'était aussi par la sagesse,
par la bonté, par l'indulgence. Rien ne prouve
mieux la confiance entière et l'affection profonde
dont ses frères l'entouraient, que leur empressement à le reconnaître pour leur appui, leur
guide, leur tuteur, leur second père, lorsque,
comme nous le verrons bientôt, n'atteignant que
sa vingtième année, il vit ses bons parents descendre presque en même temps au tombeau.

Ici nous aurions à expliquer ce qu'il faisait
pour être aimé de ses frères; mais n'est-ce pas
inutile? Pourquoi les historiens se seraient-ils attachés à nous démontrer par de longs et minutieux
détails qu'avec eux jamais il n'usait de mensonges
ni de tromperies; qu'il évitait les discussions, qu'il
ne se laissait point aller à la colère, à la jalousie,
à l'orgueil; qu'il s'autorisait de son droit d'aî-
nesse non pour les opprimer, mais pour les pro-
téger; qu'il condescendait à leurs demandes, à
leurs désirs avec empressement; que volontiers
il partageait leurs amusements, leurs joyeux ébats,
bien que, comme nous l'avons dit, sérieux et
réfléchi dès le plus bas âge, il n'aimât rien d'en-

fantin, rien de frivole. Oui, pourquoi aurait-on appuyé sur des faits ces assertions, puisque tout jeune écolier qui, comme vous, est bien élevé et possède un cœur chrétien, voit tout de suite qu'elles sont la conséquence toute naturelle de ce simple et court éloge du jeune de La Salle : *Il fut un bon fils, un excellent frère.*

3° Quant à ses qualités d'élève, il nous est dit : « Concevant de bien bonne heure que le premier moyen de répondre aux desseins de la Providence c'est de s'appliquer sérieusement à l'étude, il se hâta d'acquérir assez de connaissances pour être admis au collége de Reims. Là, se montrant un modèle à ses condisciples, cher à tous ses maîtres, il fut à tous comme un évangile vivant par son édifiante complaisance envers les uns, par sa religieuse docilité pour les autres. »

N'est-il pas vrai, chers enfants, ces simples mots vous expliquent encore aisément le grand et saint rôle que de La Salle va remplir dans le monde et dans l'Eglise de Dieu.

L'élève chéri de ses condisciples, alors qu'ils sont ensemble sur les bancs de l'école, ne trouve-t-il pas toujours en eux des amis dévoués; cette affection conçue et contractée dans les premières années de la vie n'est-elle pas la meilleure et la plus durable, ne compose-t-elle pas un délicieux mélange de souvenirs qui ne s'effacent jamais? Pour être aimé de ses compagnons d'étude, ne lui a-t-il pas fallu être doux, patient et bon? Or n'est-ce pas cet apprentissage des vertus qui lui conciliera plus tard les sympathies et l'affection de tout le monde?

D'autre part, l'élève chéri de ses maîtres n'est-ce pas celui qui joint à l'amour d'un travail assidu l'obéissance prompte, la docilité parfaite, la reconnaissance affectueuse? Or l'enfant qui connaît ainsi ses devoirs, et qui les remplit du mieux qu'il peut, ne se met-il pas à même de devenir dans sa jeunesse et dans son âge mûr un homme de bien par excellence?

L'Ecriture sainte dit : « Heureux qui dès son enfance sera entré dans les voies du Seigneur. » Les voies du Seigneur sont les vertus qui glorifient Dieu et sanctifient nos frères, en nous sauvant nous-même. Que ce chapitre se termine donc par cette encourageante parole. Quel fondement d'espérance pour l'enfant sage et pieux! pourrait-il douter de son *bonheur* quand Dieu lui-même l'appelle *heureux*? ·

CHAPITRE IV.

Les goûts et les habitudes sérieuses de de La Salle, son mépris pour les divertissements et les bagatelles, le bonheur indicible qu'il éprouvait à entendre ou plutôt à servir chaque jour la sainte messe, la confiance avec laquelle il recevait les conseils des prêtres qu'il approchait à chaque instant, puisqu'il avait tenu à remplir les fonctions d'enfant de chœur; en un mot, sa piété vive se manifestant sous toutes les formes, n'était-elle pas une marque certaine que Dieu l'appelait au service des autels?

Aussi bien, pendant que ses parents, heureux et glorieux d'un tel fils, le regardant déjà comme l'honneur de leur famille, le disposaient à suivre la carrière du barreau et de la magistrature, Dieu l'appelait-il par une voix secrète et continuelle à un état plus relevé, autrement bon et beau que ceux qui ne s'exercent que sur les choses périssables de la terre.

Et, docile aux inspirations de la grâce, il n'hésita pas à demander à ses parents leur consentement à ce sacrifice. Oui, c'était bien pour eux un vrai sacrifice. Quoique désireux de voir un de leurs enfants se consacrer au Seigneur, ils n'auraient pas choisi l'aîné, tout au contraire. Mais comment résister? leur amour pour lui eût-il été moins éclairé, moins chrétien qu'il ne l'était, pouvaient-ils l'empêcher de suivre sa noble vocation? ses moindres démarches étaient empreintes de tant de sagesse, manifestaient à un si haut degré la prudence qui caractérise l'homme mûr, le vieillard. Non-seulement donc ils donnèrent sans répugnance à l'Eglise ce fils chéri, mais encore ils le laissèrent librement prendre les moyens propres à faire de lui un digne prêtre.

Suivons-le donc maintenant correspondant de plus en plus à la grâce, et progressant dans la vertu. Sa piété, sa modestie, son innocence, brillent en lui chaque jour d'un éclat nouveau. Plus fréquemment encore on le voit agenouillé au pied des autels. Là il se tient recueilli, dans l'attitude des anges auxquels il ressemble, tant la foi donne à sa figure, à ses yeux, à tout son corps, une attitude céleste ; là il renouvelle ses protestations d'amour à la très sainte Vierge, il lui réitère sa promesse de la servir toujours !

Ses vœux commencent enfin à être exaucés le 18 décembre 1667 ; il atteignait sa dix-septième année. Oh ! qui dira le bonheur qui inonde sa belle âme le jour où, aux pieds de son archevêque, recevant la tonsure et l'habit clérical, il peut s'écrier : Seigneur, part de mon héritage et de mon calice, c'est vous qui me rendrez ce que je vous donne ! »

L'illustre église de Reims, à laquelle il appartenait, se hâta de l'admettre au nombre de ses chanoines. Cette dignité ecclésiastique est sans doute différente sous plusieurs rapports de celle qui de nos jours porte le même nom. Véritable sénat de l'évêque, les chapitres maintenant, en France, ne se composent que de prêtres déjà vieillis dans le ministère, et les plus recommandables de chaque clergé du diocèse. Le canonicat déféré au jeune lévite de La Salle nous prouve néanmoins une chose : c'est la grande estime dont on l'entourait. N'était-il pas glorieux pour lui d'être, à un tel âge, jugé digne d'honorer la règle austère d'un chapitre, de vivre en compagnie continuelle des vieux prêtres élus pour le service d'une des premières métropoles de France ? Cette nomination n'est-elle pas à elle seule un éloge complet?

Faut-il vous dire, chers enfants, comment il repondit à l'attente conçue de lui. « Toujours plein de respect pour les auteurs de ses jours, nous est-il raconté, d'amour pour la retraite, d'éloignement du monde, d'assiduité au chœur, de dévotion aux chants sacrés, inspirant aux vétérans du sacerdoce comme à ses jeunes confrères une sorte de vénération, il acheva en même temps ses études classiques de façon à montrer que l'étendue de son esprit et la vivacité de son intelligence ne le cédaient en rien aux admirables qualités de son cœur. »

Sa philosophie terminée à Reims, il va commencer à Paris son cours de théologie, et il se place sous la direction de M. de Bretonvillers, supérieur du séminaire de Saint-Sulpice, où il a pour professeurs, entre autres, les célèbres Tronson, Leschassier et Bouin. Tous ces prêtres ont laissé un nom tel qu'on peut dire que l'abbé de La Salle ne pouvait choisir des conseils et des guides meilleurs.

Ce qu'il fut dans cette sainte maison, qui a conservé de lui un fidèle souvenir, comment y répondit-il aux leçons et aux exemples de ces professeurs si remplis de Dieu et si zélés pour la sanctification de leurs élèves, une note écrite de la main de l'un d'eux sur les registres de cette illustre compagnie va nous le dire. Cette note nous dispense de tout autre détail.

« Il fut toujours fidèle observateur de la règle, très exact à tous les exercices; sa conversation fut toujours douce et pieuse; il ne m'a jamais paru avoir mécontenté personne, ni s'être attiré aucun reproche. Quand il est revenu à Paris pour son ordination, j'ai reconnu en lui de merveilleux progrès dans toutes les vertus. Tous ceux qui l'ont connu en ont vu des preuves dans sa conduite, surtout dans la patience avec laquelle il a souffert les mépris que l'on faisait de sa personne. »

Cette dernière ligne vous parle de mépris. Vous saurez bientôt ce qui lui attirait ces mépris qui forment un des plus beaux rayons de sa glorieuse couronne.

CHAPITRE V.

PREMIÈRES ÉPREUVES DE L'ABBÉ DE LA SALLE. — SON ÉLÉVATION AU SACERDOCE. — FONDATION DE LA COMMUNAUTÉ DES SŒURS DE L'ENFANT JÉSUS.

ETUDIANT au séminaire de Saint-Sulpice, de La Salle s'y préparait aux ordres sacrés, lorsque deux douloureux événements, le frappant coup sur coup, mirent à l'épreuve sa confiance en Dieu, et révélèrent sa profonde piété. Sa mère mourut le 30 juillet 1671, et son père, neuf mois après.

Que de larmes il versa sur leur tombe! quel déchirement de cœur lui causa cette double perte, si rapidement consommée! l'un et l'autre étaient tendrement aimés, et si nécessaires à leur nombreuse famille. Oh! il est bien aisé de comprendre combien dut alors souffrir une âme aussi reconnaissante et éclairée que celle de l'abbé de La Salle. Pour un bon fils, un père et une mère ne sont-ils pas, après Dieu, ce qu'il a de plus cher? quels biens, quelles jouissances en ce monde pourraient combler dans son noble cœur un tel vide?

Mais, modèle de piété filiale comme de toutes les autres vertus, de La Salle devait montrer à jamais à l'enfant chrétien que cet honneur qu'il rend aux auteurs de ses jours doit durer toute la vie, les suivre sous la pierre du tombeau, et ne cesser que lorsqu'il a lui-même rendu le dernier soupir. Oui, de La Salle donnait bien des larmes à son père et à sa mère; mais pour leur procurer le lieu de rafraîchissement et de paix, il offrait encore plus de prières, de jeûnes, de mortifications, de bonnes œuvres. On s'accorde à dire que, nouvel Augustin, il ne passa pas un seul jour sans se souvenir de ceux dont il avait reçu, outre la naissance et les richesses du temps, le bienfait plus grand encore de la naissance à la vie de la grâce et de l'éternité.

Cette double mort contraignit de La Salle de quitter Paris. Le 19 avril, il revint dans sa ville natale où le rappelaient bien moins ses propres intérêts que ceux de ses frères et de ses sœurs;

il en devint, avons-nous dit, le guide, le tuteur, le second père.

Oh! qu'il offrit alors à ses concitoyens un touchant et pieux spectacle! Quelle prudence, quelle maturité, quelle abnégation en effet ne réclamait pas l'accomplissement d'une tâche aussi difficile, d'une mission aussi compliquée! Il n'avait que vingt-un ans, et déjà pour lui il s'agissait d'administrer une fortune considérable; de diriger, d'élever six jeunes frères qui ne pouvaient trouver dans l'autorité de leur aîné d'autres droits à leur commander que ceux qu'il s'acquerrait par l'amour. Oui, de La Salle était bien trop jeune pour mener à bonne fin une tutelle semblable; mais aux pieds de son crucifix n'avait-il pas déjà acquis l'expérience, que Dieu ne refuse pas à l'enfant qui l'aime, c'est-à-dire la sagesse des têtes les plus habiles?

Cependant, tout en remplissant avec le plus religieux scrupule ses moindres devoirs de famille, il n'en poursuivait pas avec moins d'ardeur le chemin qu'il s'était tracé vers le sanctuaire. Et voici comment il s'y prit pour s'assurer si Dieu lui en ouvrait les portes sacrées.

Il est un homme, chers enfants, que Dieu dans sa miséricorde a donné à chacun de nous pour soutien et guide sur cette terre d'épreuves et de combats. Chargé de représenter Jésus-Christ sur

la terre, non-seulement ce simple mortel a reçu
de lui le pouvoir immense, le pouvoir divin de
pardonner nos péchés et de rendre à notre âme
coupable et flétrie son innocence et sa beauté première, mais il possède une grâce particulière, une
puissance toujours soutenue, propre à consoler
notre cœur, à nous signaler les dangers, à nous
aider dans nos peines, à dissiper notre décou-
ragement, à cicatriser nos plaies, à nous relever
quand nous sommes tombés ; en un mot, cet
homme choisi par le ciel entre tous a seul la
mission, la force et le secret d'entretenir continuellement en nous l'espoir de parvenir à nos destinées éternelles. Cet homme, obligé d'être toujours
à la fois juge, médecin et père, et à qui le Seigneur
demandera un compte sévère de nos âmes, vous
le connaissez, vous l'avez déjà nommé : c'est le
prêtre de Jésus-Christ, et parmi ces prêtres notre
confesseur.

Eh bien ! voilà celui que l'abbé de La Salle consulta toujours avec confiance, avec empressement,
avec la soumission la plus respectueuse. Malgré la
prudence remarquable dont le ciel l'avait doué,
malgré la circonspection que de longues prières
devaient communiquer à ses pensées, il ne dé-
cidait rien sans l'avis de son directeur, et toujours
prêt à renoncer à ses projets les plus chers, si

Jésus-Christ les désapprouvait par la bouche de son ministre.

Dirigé donc par le pieux chanoine Rouland, dont nous allons parler, le jeune de La Salle, malgré les longues heures qu'il consacrait aux soins de sa famille, ne négligea rien pour devenir un saint prêtre. En 1672, il reçut le sous-diaconat à Cambrai, le jour de la Pentecôte; en 1676, il fut fait diacre à Paris.

Ayant gravi ce degré du sanctuaire, il aurait voulu retarder beaucoup sa promotion au sacerdoce. Il craignait tant d'être mal disposé pour ce ministère *redoutable aux anges mêmes*, selon l'expression des saints docteurs; mais la voix de son confesseur se fit entendre, et il fut ordonné le 9 avril 1678.

N'oublions pas de dire que, pendant ce temps, ne pouvant continuer ses études et préparer son âme qu'à Reims, où d'impérieux devoirs le retenaient, il suppléa, autant qu'il le put, au genre de vie des séminaires, en transformant sa maison en une maison de travail et d'oraison. Avec et comme lui, ses jeunes frères vivaient sous une espèce de règle qu'il avait composée. Dieu voulait ainsi sans doute qu'il préludât au sublime rôle d'instituteur qu'il devait bientôt lui confier.

Ici, chers enfants, nous aimerions à vous dire

ce que fût de La Salle jeune prêtre, à vous
parler de sa piété angélique dans la célébration
des saints mystères, de la promptitude avec laquelle
lui furent bientôt conquises la confiance et la
vénération de tous. Oui, de tous; l'ardeur de sa
foi et de son amour pour Jésus-Christ se peignaient
si sensiblement dans ses traits, donnaient surtout
à son visage quelque chose de si beau, de si
céleste, que de grands pécheurs furent ramenés
à la religion, rien qu'en entendant une de ses
paroles, en le regardant à l'autel. Telle était la
rapidité de ces conversions spontanées et imprévues
que les pénitents eux-mêmes ne pouvaient se les
expliquer que par l'effet d'un miracle.

Oui, nous aimerions à vous montrer le jeune
prêtre entouré déjà d'une multitude qui venait le
consulter, invoquer sa médiation, ses prières, se
confesser, s'agenouiller sous sa main. Mais, à notre
grand regret, nous ne pouvons insister sur ce
tableau du vrai pasteur des âmes. Il est d'ailleurs
plus utile, et vous nous demandez, chers enfants,
d'arriver à l'œuvre capitale de sa vie, à celle qui
par ses immenses résultats constitue ses premiers
droits à votre reconnaissance comme à celle de tous
les cœurs chrétiens.

Disons donc que, témoin de ses succès apostoliques, l'abbé Rouland le pressa bientôt d'échanger

son canonicat contre une cure. Comme vous le voyez, c'était bien en effet à la direction d'une paroisse que le jeune prêtre semblait appelé; mais l'échange ne put avoir lieu. Et alors de La Salle se borna à seconder son confesseur dans la direction d'une œuvre qui devait lui montrer encore mieux, lui ouvrir plus directement la carrière où Dieu le voulait. Ecoutez comment.

M. Rouland avait fondé à Reims même une communauté de religieuses dites de l'*Enfant Jésus,* chargées d'élever gratuitement les petites filles pauvres, et surtout les jeunes orphelines. Déjà avancé en âge, et sentant ses forces insuffisantes à organiser une œuvre destinée à rendre les plus grands services à l'Eglise, il avait jeté les yeux sur de La Salle, alors que celui-ci n'était pas même engagé dans les ordres. C'est ainsi que Dieu dirige, et bien souvent à leur insu, ses serviteurs fidèles dans le choix des hommes et des choses qui leur sont nécessaires pour atteindre la fin miséricordieuse qu'il se propose. Et de La Salle docile avait prêté généreusement son concours au pieux vieillard.

Mais, justement dans les jours mêmes où la cure de Saint-Pierre est refusée à son jeune collaborateur, et pendant que l'œuvre de l'*Enfant Jésus* est encore informe et comme naissante, voici que M. Rouland devient tout-à-fait infirme. Personne ne se chargera-t-il de cette fondation qui lui est si chère ? Oh ! non, elle ne périra pas.

A son lit de mort, le vieux prêtre appelle l'abbé de La Salle, il le nomme son exécuteur testamentaire. Mais à cette haute marque d'estime et de confiance il propose de joindre une clause bien grave, celle de devenir le père de ces enfants qu'il laisse orphelines, et qu'il destine à devenir elles-mêmes les secondes mères d'autres orphelines délaissées.

De La Salle a bien vite compris les difficultés d'une pareille mission, il a senti la pesanteur d'une aussi lourde charge ; mais il fait partie de ce petit nombre d'hommes qui, loin de reculer devant l'obstacle, voient dans l'œuvre à accomplir la gloire de Dieu et le bonheur de leurs frères, et non les fatigues qu'il coûtera pour le franchir ; qui n'éprouvent jamais de défaillance, qui ne succombent point à la peine, parce que c'est d'en haut qu'ils attendent et le secours et le succès. Le disciple accepta donc de son maître ce legs précieux comme un dépôt confié par la Providence.

En peu d'années, par « son dévouement vraiment héroïque, » il le consolida, il l'agrandit. Sans lui cet établissement mourait

au berceau. Aussi l'histoire a-t-elle appelé
et continue-t-elle d'appeler le Vénérable de La
Salle, le *fondateur de l'Œuvre des Sœurs de l'Enfant
Jésus*.

CHAPITRE VI.

IL SE FORME QUELQUES DISCIPLES. — PREMIÈRES
ÉPREUVES.

Le bien produit à Reims par les écoles de filles
provoquait de semblables établissements pour les
garçons. De La Salle, en comprenant plus que
tout autre l'importance et la nécessité, se mit
résolument à l'œuvre. Pour atteindre ce but, il
s'attacha à former une communauté vouée exclusivement à l'éducation des enfants pauvres, et
organisée sous une règle particulière. Telle que
cette petite graine qui, tombant dans une bonne
terre, devient bientôt sous la rosée du ciel un

grand arbre où peuvent s'abriter de nombreux oiseaux, tel l'humble groupe de de La Salle, insi-
gnifiant d'abord et inaperçu, devient en peu
d'années, dans la main de Dieu, une œuvre dont
les rameaux et les fruits s'étendent et se multi-
plient de toute part. O bonté de Dieu, que vous
êtes merveilleuse dans tout ce que vous faites !

Voyez-vous sept ou huit jeunes gens rangés en
cercle autour du Vénérable de La Salle? voilà
toute sa richesse, toute son espérance ; oui, c'est
avec ces braves enfants qu'il compte aussi, lui,
conquérir d'innombrables âmes à Jésus-Christ !
Sans doute il attend tout de Dieu ; mais aussi
comme son dévouement en appelle les bénédictions
abondantes !

Plusieurs fois du jour le jeune maître se rend
au milieu de ses disciples, dans l'humble maison
qu'à ses frais il a louée pour les recevoir. Avec
quelle science, quelle piété il les entretient des
fins de leur vocation commune, et des moyens
de la rendre féconde et sainte ! Tout est réglé par
lui sous ce toit silencieux avec une régularité
extrême ; tout est marqué à l'heure : le lever,
l'oraison, la prière, les repas, les exercices de
piété, les récréations, ont un temps rigoureusement déterminé. On eût dit un monastère.

Ce spectacle nouveau excite dans Reims, ici de

l'admiration, là des moqueries. N'était-ce pas en effet la folie de la croix qui s'emparait du pieux chanoine; cette folie qui sera toujours un scandale pour les enfants du monde. Quelle idée extravagante, disait-on, de vivre avec ces «misérables?» Ainsi nommait-on ces dignes jeunes gens venus à lui sans fortune ni science, n'ayant aucune apparence de devenir jamais des hommes célèbres; comme si celui qui embrasse volontairement une carrière toute pleine de privations, de peines et de sacrifices n'était point par là même un homme estimable au plus haut degré, un homme *célèbre* devant ses semblables et devant Dieu, n'importe qu'il soit fils d'un laboureur ou d'un roi, qu'il soit pauvre ou millionnaire; comme si celui qui donne tout ce qu'il a, et qui se donne lui-même tout entier à ses frères, pouvait jamais être un *misérable!* Oh! voyez, chers enfants, à quel point, en perdant la foi, on perd le sens de toute chose! l'impie en vient à appeler mal le bien, et bien le mal; pour lui la pauvreté est un crime, la richesse une vertu; mais, nous l'avons dit: Jésus-Christ lui-même naissant dans une crèche, travaillant dans un atelier, mourant sur une croix, ne méritait autrefois, comme il ne mérite encore de l'impie, que le mépris et la haine!

On reprochait à de La Salle la singularité de ses

occupations ; on attribuait à l'orgueil la gros-
sièreté de ses vêtements ; sa manière de marcher,
de prier, de parler, tout devenait l'objet du sar-
casme et des plaisanteries les plus amères.

Les riches et les nobles de Reims surtout ne
lui pardonnaient pas sa conduite à l'égard de sa
famille. Voyez , répétaient-ils , comme il élève ses
frères et sœurs, ces nobles adolescents qui , portant
un nom distingué , sont appelés à jouer un rôle
au milieu de nous? il leur impose les austérités
du cloître ; il les séquestre de la société ; il les
éloigne de toutes les fêtes auxquelles les convient
pourtant leur rang et leur âge. Pauvres victimes !
si les tribunaux ne peuvent les soustraire à cette
tutelle mesquine et tyrannique, au moins que
l'opinion publique indignée les délivre ! Monde
aveugle et injuste ! comme si ce n'était pas à cette
mâle et pieuse éducation que deux des frères de
de La Salle durent de devenir de saints prêtres , et
une de ses sœurs une parfaite religieuse.

Toutefois d'aussi injustes méchancetés ne re-
butèrent pas celui qui devait être et que nous appellerons désormais le Père de La Salle. Con-
vaincu d'abord par la lecture réfléchie de l'histoire
des ordres religieux que la discipline, dans une
association chrétienne , est la condition première
de sa durée et de son succès, au lieu d'en relâcher

les liens, il les resserra de manière à leur faire produire des vertus telles qu'elles excitassent plus tôt l'admiration des cœurs les plus prévenus.

Quant à lui, pour mieux entraîner sa famille dans cette sainte voie, il se mit dès ce jour à s'examiner avec plus de sévérité, à méditer plus profondément la vie des François d'Assise, des Dominique, des Vincent de Paul; à leur exemple, il se livra à des mortifications plus rigoureuses, à des oraisons plus fréquentes, se privant de sommeil, d'aliments, des choses en un mot nécessaires à la vie. Il aurait poussé plus loin la rigueur des jeûnes, l'application au travail, les dons de sa charité, si le directeur de sa conscience ne lui eût fait un devoir de les modérer; et il obéit sans observation. Dans les ordres, les défenses et les moindres conseils de leur confesseur, vous répétons-nous, chers enfants, les vrais chrétiens reconnaissent la voix même du Seigneur. Cette voix commandait au Père de La Salle de se réserver pour l'instruction spéciale des pauvres; il se réserva sans la moindre plainte, et dans la mesure qui lui fut prescrite.

Nous allons le voir et l'admirer dans la fondation de ses premières écoles.

CHAPITRE VII.

Nous venons de dire que le genre de vie de de
La Salle le faisait traiter d'homme « dur, sauvage, étranger à toute bienséance ; » quelques-
uns osèrent même l'appeler « hypocrite. »

Hypocrite, ce prêtre si mortifié, si ennemi des
joies et des jouissances de la terre ; si pur dans
ses mœurs, si indifférent aux honneurs, si dédai-
gneux de la fortune !

Hypocrite, ce prêtre tant aimé et respecté de
ses frères et de ses sœurs, qui ne le perdaient

pas de vue un instant; de ses disciples qui de nuit et jour ne recueillaient de ses paroles et de ses actions que des sujets d'édification nouvelle; de tous les pauvres qui le nommaient leur ange protecteur; de ses supérieurs qui admiraient avec quelle humilité, avec quelle piété ardente il remplissait tous ses devoirs!

Oui, il y en eut d'assez méchants pour traiter d'hypocrite le saint prêtre! Quelle leçon pour nous, chers enfants! combien le monde et ses jugements sont donc méprisables! quelle plus forte preuve de la folie ou de la lâcheté d'un chrétien esclave du respect humain; d'un chrétien qui pour agir ne consulte pas sa conscience, mais se dit : Que pensera-t-on de moi! je suis prêt à glorifier ou à blasphémer le nom de mon Dieu, selon les risées ou les éloges qu'on devra m'envoyer!....

Et vous aussi, lorsque, agenouillés dans une église, faisant un signe de croix ou une prière en public, récitant avec attention votre chapelet, fuyant les mauvaises compagnies, détournant avec dégoût vos regards de toute action, de tout spectacle criminels, répondant par le dédain à une plaisanterie impie, et avec pitié à une provocation des méchants, vous serez qualifiés d'hypocrites; rappelez-vous votre premier instituteur, le Vénérable de La Salle, insulté de cette ignoble sorte. Comme lui, n'acceptez ces injures que pour en glorifier Jésus-Christ qui vous donne part aux ignominies de sa croix et pour vous animer à devenir des chrétiens encore plus fermes et fidèles.

Comme lui, montrez du courage! Mais que disons-nous? est-il vrai qu'il faille du courage pour adorer Jésus-Christ à la face de tous, en plein soleil? Ce tendre fils de Marie est bien vraiment notre bon père. Or, dirions-nous qu'il faut du courage à un enfant pour honorer son père et sa mère en public, pour se jeter dans leurs bras, pour leur prodiguer des caresses, pour prendre leur défense s'ils étaient insultés ou menacés? Non certainement. Ce ne serait de sa part que l'accomplissement d'un devoir tellement simple, tellement naturel, que, loin de s'en étonner, tout le monde le blâmerait, le mépriserait, s'il agissait autrement. Donc ce n'est pas du courage qu'il faut pour s'avouer chrétien partout, et devant qui que ce puisse être; c'est seulement de la raison, du bon sens. En cela, comme en toute autre chose, ce n'est qu'agir selon ce que nous croyons et aimons.

Du reste, quel que soit le nom des sentiments qui doivent vous animer, ayez, lorsqu'il s'agit de ne pas rougir de Dieu, ceux de votre fondateur;

pas plus que les siens, les vôtres ne resteront sans récompense.

En effet, pendant que ses concitoyens le bafouaient et l'abandonnaient à lui-même, Dieu lui envoyait de loin un concours précieux. Ce fut celui de madame de Maillefer, native, il est vrai, de Reims, mais épouse d'un maître des comptes à Rouen. Quelques mots sur cette dame ne seront point ici de trop.

Douée des dons de la nature, de la naissance et de la fortune, elle s'était entièrement livrée au monde qui lui prodiguait en échange toute espèce de flatteries. A beaucoup de défauts, cette victime de la vanité joignait un égoïsme extrême ; ce qui veut dire traitait les pauvres avec mépris et dureté. L'égoïste ne voit, n'aime que lui-même ; peu lui importe par conséquent les souffrances et les misères des autres, à plus forte raison celles des pauvres dont la seule vue pourrait l'attrister et lui rappeler trop vivement l'instabilité des choses humaines, la souffrance et la misère qui l'attendent peut-être demain.

Un soir, un indigent se présente à sa porte ; il était exténué, et, ne pouvant aller plus loin, il demandait une retraite pour la nuit. Non, dit sèchement la maîtresse du somptueux hôtel ; qu'il aille où il voudra. Touché de pitié, un domestique

retira le malheureux dans l'écurie, et lui donna
pour lit quelques brins de paille. Pendant la nuit,
ce mendiant meurt. Furieuse de cet événement,
madame de Maillefer chasse immédiatement le
serviteur qui lui a désobéi. Cependant, à la prière
des autres domestiques, elle consent à donner un
drap pour la sépulture de ce nouveau Lazare, et
ce morceau de toile descend dans la fosse avec le
cadavre qu'il enveloppe.

Mais bientôt, pendant qu'elle est à table, quelle
leçon elle reçoit de Dieu protecteur et vengeur
de ses pauvres délaissés. Que voit-elle? ce même
drap déployé sur les tapisseries de son salon,
et agité par une main invisible. C'en fut assez.
Heureuse de comprendre dans cet acte miracu-
leux une avance des grâces que la miséricorde
éternelle lui faisait, elle verse d'abondantes larmes; puis bientôt, nouvelle Madeleine, elle efface
par l'éclat de sa pénitence celui de sa vie coupable. Devenue maîtresse de sa fortune après la
mort prématurée de son époux, elle se dépouilla
tellement qu'elle mendia elle-même. Enfin les
expiations de cette héroïque pénitente lui méri-
tèrent de succomber martyre de la charité. Dans
un hôpital fondé par elle, et au chevet des mo-
ribonds, elle contracta le mal qui lui valut plus
tôt une couronne au ciel.

L'abbé de La Salle, réduit à lui-même, demandait donc au Seigneur des auxiliaires pour
l'œuvre qu'il voulait entreprendre pour sa gloire,
lorsqu'il fut mis en rapport avec madame de
Maillefer. Celle-ci, désireuse de doter sa ville
natale d'une école de garçons, envoya au Père de
La Salle un instituteur nommé Niel et un adolescent de quatorze ans, avec mission de traiter et
de terminer ensemble cette affaire importante.

Les pourparlers ne furent pas longs ; à peine
le saint prêtre eut-il exposé ses idées et ses plans
aux deux mandataires, qu'ils entrèrent dans ses
vues et lui offrirent de travailler immédiatement
sous sa direction.

Et c'est ainsi que, à l'aide d'une rente annuelle
fournie par madame de Maillefer, la première école
fut ouverte à Reims en 1679.

Toutefois il fallait ménager les susceptibilités
d'hommes puissants et jaloux. L'œuvre fut donc
placée non-seulement sous le patronage du curé
de Saint-Maurice de Reims, mais encore elle reçut
son nom ; de telle sorte que, aux yeux du public,
celui-ci seul en parut le fondateur et le maître.
Mais qu'importait à l'abbé de La Salle de laisser
à un autre un honneur dont il avait seul toutes les
charges, pourvu que le bien se fît ?

En novembre de la même année, une Rémoise,

madame de Croyères, veuve sans enfants, riche, et surtout très pieuse, conçut la pensée de fonder également une école de garçons sur la paroisse de Saint-Jacques qu'elle habitait. Elle eut recours aussi elle, malgré de vives oppositions, au Père de La Salle, qui accueillit avec empressement sa proposition généreuse. Tels sont les deux établissements qu'on a toujours considérés comme le berceau de l'admirable institution des *Frères des écoles chrétiennes*. L'un et l'autre étaient bien réellement son œuvre; car la mort de madame de Croyères survenant bientôt, lui laissa à sa charge la presque totalité de leur entretien.

Un événement remarquable se rattache pour vous surtout, chers enfants, à cette année 1679 et à la fondation de ces deux établissements : c'est la réforme apportée par le Père de La Salle dans l'enseignement tel qu'il se pratiquait; c'est l'introduction de cette méthode à la fois si simple et si ingénieuse qu'on appelle le mode *simultané*, ce mode qui, selon l'expression d'un de nos plus illustres académiciens, M. Droz, « sera dans tous les temps une des plus utiles et par conséquent des plus belles découvertes de l'esprit humain. » Vous la connaissez, chers enfants, cette méthode précieuse, vous jouissez de ses bienfaits; nous n'avons donc pas à vous expliquer comment elle est éminemment plus propre à l'instruction d'un grand nombre d'enfants, surtout comment elle vous met plus immédiatement en rapport avec vos maîtres, qui de la sorte vous connaissant mieux, sont plus à même de corriger vos défauts et de développer vos vertus. Point essentiel, circonstance capitale! à quoi servirait votre avancement dans la grammaire et les sciences, si votre âme ne progressait dans le bien, dans le saint amour de Dieu et de son Eglise? à quoi vous servirait de devenir savants, si vous grandissiez vicieux? La connaissance et l'amour d'une seule parcelle de la science des saints ne vaut-elle donc pas mieux que la possession de tous les talents de la terre réunis?·

Cependant, si les travaux de de La Salle étaient commencés, il s'en fallait bien qu'ils fussent terminés. Des obstacles de tout genre se dressèrent devant lui dès le jour où il se fit maître d'école. Une ligue commune, pour ainsi dire, fut ourdie pour le contredire et l'arrêter; tant il est vrai que l'intérêt, l'ignorance et la mauvaise foi ne savent que s'entendre pour faire payer à l'homme de bien les services qu'il rend à ses semblables. Quand ce ne sont pas les méchants qui l'arrêtent, Dieu permet que les gens de bien se mettent de la partie, afin que se vérifie cette parole : Point de victoire sans combat; ou mieux, point de ciel sans une croix pour l'ouvrir.

Et d'abord voici les murmures qui éclatent, lorsque, retirant ses disciples de la maison louée où il les avait d'abord établis, il les loge dans sa propre demeure. Il est traité d'ingrat, de despote envers sa famille. Ses parents se réunissent et lui retirent la tutelle de ses frères qu'il « déshonore, dit-on, et qu'il rend malheureux. »

Puis ses meilleurs amis, ayant des yeux pour ne pas voir, au lieu de s'expliquer ce zèle qui va chez lui jusqu'à l'abnégation la plus absolue, se font l'écho de toutes les misérables calomnies qui circulent de toute part. Pour eux aussi il n'est qu'un extravagant, un imprévoyant, un insensé!

Ce dénigrement général finit par remplir de soupçons et de craintes le cœur de ses disciples. Les voici qui s'inquiètent de l'avenir; ils ne veulent plus se confier aveuglément à un homme dont le patronage ne leur offre, pensent-ils, aucune garantie. « A quoi nous conduira notre vie dure, disent-ils, et que deviendrons-nous s'il est obligé de se retirer? Nous usons ici notre jeunesse; ne ferions-nous pas mieux d'apprendre des métiers productifs? Laissons-le... »

Ainsi se décourageaient et se méfiaient les pauvres disciples du Père de La Salle, les amis sur qui il fondait ses plus solides espérances. Quelle blessure plus douloureuse pouvait être faite à son cœur ?

En vain, pour ranimer leur confiance, les adjure-t-il avec une irrésistible éloquence de se confier à la Providence, qui ne leur manquera pas s'ils lui restent fidèles.

Ses exhortations, auxquelles son exemple aurait dû donner tant de forces, aggravèrent le mal au lieu de l'adoucir. Trop attachés encore à la terre, trop ignorants des richesses inconnues que départit, quand il le veut, le Père céleste qui donne leurs riches vêtements aux lis des campagnes, leur nourriture aux petits oiseaux et aux plus vils insectes, ils ne comprenaient pas ce langage du détachement évangélique.

Ecoutez leurs injurieuses réponses, chers enfants. Si nous vous les reproduisons, que ce soit afin de vous convaincre que Dieu, que Dieu seul est capable d'inspirer à vos maîtres ces vertus éminentes dont le spectacle arrache des cris d'admiration aux hérétiques, aux Turcs, aux sauvages mêmes qui en sont les témoins.

« Vous pouvez, répétaient-ils, nous exhorter à un abandon total : avec votre fortune et votre dignité de chanoine vous serez toujours dans l'abondance, et le maître de vous procurer les douceurs de la vie ; riches comme vous, nous aurions aussi votre éloquence. Dépouillez-vous de tout, soyez pauvre comme nous, et alors nous vous croirons. »

Combien ces paroles étaient insensées, puisque nul plus que de La Salle ne donnait aux pauvres. Mais Dieu permettait qu'elles lui fussent adressées parce qu'il le voulait pour père d'un Ordre dont les solides fondements devaient être, comme ils le sont encore, la pauvreté et l'humilité.

Aussi allez-vous voir de quelle force Dieu arma son serviteur fidèle pour faire à ce défi la plus victorieuse et la plus décisive des réponses.

CHAPITRE VIII.

LE VÉNÉRABLE DE LA SALLE SE DÉPOUILLE DE SON CANONICAT ET DE SA FORTUNE.

Loin de s'offenser des étranges reproches de ses disciples, de La Salle porta bien l'humilité jusqu'à leur avouer qu'il les méritait. Toutefois, avant de se mettre en mesure de ne plus y donner lieu, il *consulta*, nous est-il dit, *le Seigneur dans la prière, et il recourut à son guide spirituel.* Ne mentionnons pas en vain cette heureuse habitude d'un homme de bien par excellence. A son exemple, n'oublions ni les uns ni les autres que la prière et la confession, beaucoup plus sûrement que nos

calculs et nos combinaisons, contribuent au succès
de nos entreprises. Nous verrons bientôt la conséquence de ces deux saintes actions.

Une fois sa résolution arrêtée, il accomplit à
la lettre ces deux paroles de l'Evangile : *Voulez-
vous être parfait, vendez vos biens et donnez-les aux
pauvres... Que celui qui veut être mon disciple prenne
sa croix et me suive.*

Il a laissé dans un mémoire trouvé parmi ses
papiers, et écrit de sa main, dix *considérations* dont
nous vous donnerons au moins un extrait. Point
de doute qu'il n'eût ainsi résumé les résultats de
ses méditations afin de les mieux fixer dans sa
mémoire et de se les rappeler intégralement, pour
soutenir plus tard les épreuves auxquelles nécessairement de tels sacrifices le soumettraient.

Vos bons maîtres agissent de même pour eux
et pour vous. Eux ont leur Règle; ce livre bien-
aimé, ce trésor de leur bibliothèque, ne les quitte
jamais. Chaque jour ils le lisent, chaque jour ils
en méditent quelques passages. Et c'est ainsi qu'en
réchauffant leur zèle dans le souvenir de leurs premiers engagements, ils poursuivent sans faiblir la
carrière qu'ils ont choisie avec amour.

Quant à vous, vous possédez dans vos classes
quelque chose de semblable. Pourquoi fixés çà
et là des cartons où sont écrites des maximes ou

des sentences de l'ancien ou du nouveau Testament, si ce n'est pour vous rappeler sans cesse les devoirs de l'enfant chrétien et du bon écolier. Maintes fois vous éprouvez des peines, vous êtes rebutés par les difficultés du travail, par l'insuccès, par la nécessité d'obéir. Hélas! pour vous comme pour nous, la terre ne produit qu'arrosée de nos sueurs. La meilleure volonté, les intentions les plus droites, vous le voyez dans la vie de de La Salle, nous empêchent-elles d'échouer trop souvent là où nous devrions, ce semble, réussir? Eh bien! arrêtez de temps à autre vos regards sur ces courtes et saintes devises, elles ne peuvent que soutenir votre courage et votre persévérance; si peu que vous les méditiez, il en restera toujours pour vous quelque chose de bon.

Voici les souvenirs de l'abbé de La Salle:

« Je ne suis point en droit de tenir à mes disciples le langage de la perfection, si je ne deviens parfait moi-même; de les engager à s'abandonner à la Providence, si j'ai des ressources contre la misère... Restant riche, j'autorise leur défiance sur le présent, et leur inquiétude sur l'avenir. Une telle tentation pour mes disciples produira tôt ou tard l'effet que le démon en attend. Ils me laisseront, et l'œuvre des écoles sera perdue. Mais alors je n'ai plus à choisir. Si la plus grande gloire de Dieu, le plus important service à rendre à l'Eglise, le salut des âmes et ma perfection sont les seules fins qui doivent me diriger, il n'y a pas pour moi d'hésitation possible. J'ai dit au guide de mon âme : Je laisserai ou je garderai tout, selon votre volonté ; il m'a répondu : Laissez tout. Soyons donc pauvre dans toute la rigueur du mot. »

Quelle abnégation ! quelle humilité ! Oh ! certainement il aurait pu, au contraire, garder sa fortune et rester ce qu'il était, s'il avait pu n'envisager les choses que comme faisaient ses disciples. Puisqu'ils ne fondaient leur avenir que sur des probabilités tout humaines, ne pouvait-il pas se disculper et les vaincre, en se servant des armes mêmes qu'ils lui mettaient dans les mains ? N'avait-il pas à les confondre par cette réponse accablante : Vous ne comptez pas sur la Providence ; par conséquent laissez-moi garder mon or et ma dignité, afin que la pauvreté ne nous atteigne point.

Mais non, il ne parla pas, il n'agit pas ainsi. Plein de l'inspiration divine qui rend pauvre dans la richesse et riche dans la pauvreté, il prit immédiatement les moyens de se défaire de son canonicat et de tous ses biens. Cependant encore ici il rencontre une de ces oppositions qu'un homme de cœur ne brave qu'avec peine, et dont il ne triomphe pas sans de vives inquiétudes ; car n'en tenir aucun compte et la dédaigner, c'est se condamner soi-même à l'isolement.

Ses amis et ses conseillers les plus sincères, par un sentiment tout opposé à celui des disciples, lui faisaient donc craindre que, en se privant de toute fortune, il n'ôtât à ses œuvres des ressources indispensables à leur développement. Ils l'engageaient au contraire à user avec confiance de cette richesse très légitimement acquise pour assurer et étendre les bienfaits de sa charité. Puis ils lui représentaient les incommodités d'une vie indigente passée dans la société de jeunes gens dont il aurait une peine infinie à ennoblir les sentiments, qu'il n'élèverait jamais à la sublime hauteur des conseils évangéliques ; de jeunes gens d'autant moins disposés à le respecter, que le renoncement à sa haute et riche position sociale lui aurait fait perdre son principal ascendant sur eux. Ils lui objectaient la délicatesse de son tempérament, l'inutilité de ses études, et en particulier de son titre de docteur, dont il avait été déjà honoré dès sa trentième année.

Ici une réflexion est nécessaire. Gardons-nous d'adresser des reproches trop amers à ses disciples et à ses amis pour leur insistance à le dissuader.

Dieu ne peut pas tomber en contradiction avec lui-même ; il donne, mais il défend qu'on le tente ; la prévoyance est une vertu.

S'il est vrai, selon l'Histoire sainte, que la manne tombe des cieux, l'eau jaillit des rochers pour nourrir et désaltérer les Hébreux ; si quelques pains et quelques poissons suffisent et au-delà à la subsistance d'une multitude nombreuse et affamée ; si l'histoire de l'Eglise et les vies des Saints nous montrent très souvent Celui qui charge les arbres de leurs fruits, qui mûrit les moissons, qui tient entre ses mains souveraines l'argent et l'or, secourant instantanément tel monastère, telle ville, telle nation aux abois qui poussait vers lui son cri de détresse ; si nous Le voyons répandre l'abondance et la richesse là où ne se trouve que la famine et le plus absolu dénûment ; si, en un mot, il nous est largement prouvé que Dieu se plaît à donner ainsi à qui lui demande avec confiance, n'en concluons pas qu'il faille à la légère compter sur ces secours immérités. Non, ne tentons pas Dieu, à moins qu'il ne nous révèle lui-même, par *quelques signes* certains, les desseins de sa toute-puissante bonté !

Ces *signes,* le Vénérable de La Salle les avait reçus et compris ; il n'avait rien négligé pour les reconnaître ; aussi était-il louable et devons-nous

le remercier d'avoir agi par suite de cette conviction venue du ciel. Mais, pour ne rien exa-
gérer dans une matière aussi délicate, ajoutons
donc que ses disciples et ses amis, jugeant à un
autre point de vue, et selon le cours ordinaire
des choses humaines, ne tenaient peut-être pas un
langage répréhensible. S'ils nous semblent aujourd'hui mériter le blâme, c'est pour avoir trop
tardé à étudier et à reconnaître aussi eux ces
signes, et pour avoir ainsi entravé, au lieu de
les seconder, les généreux projets du saint prêtre.

Que cette parenthèse soit là placée, chers enfants, pour vous expliquer cette demande du
*Pater : Donnez-nous aujourd'hui notre pain quoti-
dien.* N'entreprenons pas une construction au-delà
de nos moyens et de nos ressources; ne disons
pas : Posons la première pierre, et Dieu élèvera
les murailles et les couronnera, avant que l'Eglise,
par la voix de nos supérieurs spirituels, nous ait
dit, comme au Vénérable de La Salle : Commencez,
et Dieu finira. Si la défiance est un péché, la
présomption ne l'est pas moins.

Et, seconde conclusion, remercions Dieu de vivre
dans le catholicisme. Livré à son propre orgueil, le
protestant ne connaît d'autre prêtre que lui-même;
nul intermédiaire entre Dieu et ses caprices ou ses
rêveries. Sa volonté seule, voilà sa règle de con-

duite, sa loi. Quant à nous, nous savons où réside la Vérité, et nous ne marchons que suivant sa parole.

Comme l'apôtre de la Providence avait bien entendu cette parole ! Ecoutez en effet sa réponse.

« Nous serons pauvres, tout nous manquera ! eh bien ! nous demanderons l'aumône. Les hommes que je veux m'associer seront d'une éducation difficile ! soit ; je ne compte pas sur mes talents : Dieu saura bien, s'il y va de sa gloire, donner de l'intelligence et du zèle à ceux que j'aurai entrepris de former pour son service. J'aurai beaucoup à souffrir, et on ne me plaindra point ! soit ; mes souffrances n'en seront que plus méritoires. Mon tempérament est délicat ! si Dieu veut que je succombe, ne serai-je pas trop heureux de mourir en le servant?... Enfin je ne vivrai pas toujours, et ma fortune sera promptement épuisée ! Si mes Frères ont pris l'habitude de compter sur de pareils secours, comment me remplaceraient-ils quand je viendrai à leur manquer? Oui, oui, prenons notre divin maître pour modèle, et dévouons-nous sans arrière-pensée ni réserve. »

Arrivons enfin aux circonstances qui accompagnèrent son renoncement total. Et d'abord, pour son canonicat, vous allez voir agir la main de Dieu. De La Salle va lui-même à l'archevêché offrir sa démission. Le prélat, Mgr Le Tellier, qui avait eu probablement connaissance de son dessein, évite de le recevoir. Sur ce refus, le saint prêtre n'a qu'une pensée : il se rend droit aux pieds du tabernacle dans la métropole ; là il reste longtemps en prière, renouvelant à Dieu le sacrifice de toutes ses volontés.

Une anecdote certaine, recueillie alors, nous donne une idée de l'opinion du plus grand nombre à son égard, et doit aussi nous servir à justifier la conduite du clergé en cette occasion.

De La Salle était donc prosterné la face contre terre dans le saint temple, lorsqu'un de ces faux sages tels que le monde n'en produit que trop, placé près de lui, et le considérant avec pitié immobile et comme abîmé dans la douleur, dit à un de ses voisins : « Prions Dieu pour ce pauvre M. de La Salle qui perd l'esprit. — Vous dites bien, réplique l'autre personne, il perd véritablement l'esprit, mais c'est celui du monde, pour se remplir de l'esprit de Dieu. »

Et ce dernier disait vrai. La longue et fervente oraison du suppliant avait totalement changé les dispositions intérieures du prélat. Retournant à l'archevêché, le prêtre qui perdait l'esprit est accueilli avec bonheur; tous ses projets sont ac-ceptés et sanctionnés par l'autorité, sans la moindre

objection. Mais n'oublions pas d'ajouter que, toujours mu par la même pensée de renoncement *à
la chair et au sang,* ce ne fut pas pour son plus
jeune frère, prêtre pourtant d'un grand mérite,
qu'il demanda la place qu'il laissait vacante, mais
pour un autre ecclésiastique qui lui en semblait
plus digne.

Quant à ses biens, l'occasion de s'en dépouiller
lui fut offerte dans l'affreuse disette qui, en 1684,
désola la Champagne. Toutefois il ne procéda point
à ses saintes libéralités sans un judicieux discernement. Le mondain donne toujours là où ses sous-
criptions seront connues de plus loin ; il jette son
aumône là où en tombant elle aura un plus long et
plus fort retentissement. Le chrétien n'agit pas de la
sorte. N'eût-il à livrer qu'une obole, il la place là
seulement où Dieu semble lui dire que le corps et
l'âme de celui qui la reçoit en profiteront. Peu lui
importent les applaudissements de la terre, pourvu
que les cieux, qui *considèrent tout dans le secret,*
voient la sainteté du but qu'il s'est proposé.

Il divisa les pauvres en trois catégories : d'abord
les enfants des écoles ; chacun à sa sortie de classe
recevait une ration de pain ; puis les pauvres
honteux dont il ménagea la délicatesse avec un
soin tel que souvent ils ignorèrent de quelle main
partait ce bienfait inattendu ; enfin les pauvres

dont l'indigence était publique. Nous remarquerons que pour faire l'aumône à ces pauvres, que beaucoup dédaignent et repoussent, votre saint fondateur, chers enfants, se mettait d'ordinaire à genoux et en mangeant une portion semblable à la leur.

Et voilà son dénûment complet. Le Père de La Salle put alors, en toute vérité, dire comme le séraphin d'Assise : MON DIEU EST MON TOUT !

CHAPITRE IX.

PREMIERS DISCIPLES DU VÉNÉRABLE DE LA SALLE. — LEURS VOEUX. — LEURS SUCCÈS.

Ici un spectacle plus édifiant encore, s'il est possible, va se dérouler sous vos yeux ; suivez-en attentivement les tableaux, dont nous regrettons de ne vous présenter qu'une faible esquisse.

Prenant à la lettre ses engagements, le vertueux de La Salle embrassa la pauvreté avec toutes ses rigueurs et ses tristesses. Comme les mendiants, il s'habitua à une nourriture toujours misérable, toujours précaire ; si bien qu'il se levait de table « sans savoir ce qu'il avait bu ou mangé. »

Voyant bientôt, ainsi qu'il l'avait prédit, ses disciples lui rendre toute leur confiance, il crut venu le moment de leur donner une idée exacte de leur vocation, de leur en communiquer l'esprit, et pour cela de composer une règle.

Dans ce but, il assembla douze des principaux d'entre eux épars çà et là, et ensemble ils demandèrent les lumières du Saint-Esprit dans une fervente retraite : « A vous de voir, répéta alors le sage et tendre père, par quelle espèce de vœux nous nous lierons au service de Dieu. Réfléchissez ; je ne ferai que prononcer suivant le plus grand nombre de suffrages. » Quel langage ! tant il est vrai que les hommes les plus savants sont toujours les plus modestes et les moins impérieux !

Il fut décidé d'abord qu'on ne changerait rien aux usages ; que le nom qui paraissait plus conforme à la fin qu'on se proposait serait celui de *Frères de la doctrine chrétienne ;* nom bien caractéristique, nom qui rappelle si puissamment à vos maîtres et à vous-mêmes, chers enfants, quelle espèce de science ils ont d'abord et avant tout, eux à vous donner, vous à recevoir en franchissant le seuil de vos écoles ; la science du devoir, du bonheur, de la vie éternelle ! enfin nom glorieux dont le temps n'a point usé la célébrité plus qu'européenne. Comme il y a deux cents ans

les premiers disciples de de La Salle voulurent
être nommés, chacun des membres actuels de
cette famille répandue maintenant sur tous les
points du globe veut l'être encore. Pour lui,
plus de nom qui lui rappelle sa ville natale, le
toit paternel, ses parents, ses amis, ses compagnons d'enfance. S'étant donné tout entier à
votre éducation, il ne connaît et ne désire d'autre
nom que celui qui le fera ressouvenir partout et
toujours de la vie apostolique qu'il a acceptée
pour partage en ce monde. Il portera si loin
l'oubli de sa personne que nous ne connaîtrons
pas même son nom de Religion ; il ne voudra être
appelé que *cher Frère*. O génie de l'humilité !
C'est-à-dire que la reconnaissance du bien qu'il
fera, au lieu de s'adresser à lui, de se concentrer
sur lui directement, sera contrainte en quelque
sorte de passer sur sa tête pour rejaillir sur l'Ordre
tout entier dont il doit rester un membre caché.
Ainsi tels et tels Frères qui sont peut-être parmi
vous en ce moment, ont déjà fait dix, quinze
ans le bien, dans une contrée du nord ou du
midi ; mais toutes les fois qu'on y parle d'eux,
on ne peut que dire : *Le Frère de la grande* ou *de la
petite classe.* Quelle administration humaine, quelle
association dans le monde offre à notre admiration
quelque chose qui ressemble à cela !

Puis il fut décidé que l'habit se composerait d'une bure noire grossière, que le vêtement entier serait ce qu'il est de nos jours ; que pour la nourriture, elle se bornerait au strict nécessaire, avec exclusion de tout ce qui peut flatter les sens.

Quant aux vœux, partie essentielle de la règle, et d'où dépendait l'avenir de la congrégation, voici les paroles admirables que prononcèrent ces Frères :

« Nous voulons, dirent-ils ensemble à leur Père vénéré, suivre Jésus-Christ sur le Calvaire. Nous n'avons point de biens à lui sacrifier ; n'est-il pas juste que nous lui sacrifiions au moins l'envie d'en avoir jamais ? Pourquoi ne nous obligerions-nous pas à être, par amour pour Dieu, ce que nous sommes déjà dans la condition où il lui a plu de nous faire naître. D'ailleurs ne savons-nous pas à quoi nous nous engageons en choisissant pour partage ici-bas une pauvreté volontaire ? nous en avons déjà souffert toutes les incommodités, nous en avons éprouvé tous les maux ! Pourquoi interrompre ce que nous avons commencé ? La grâce de Jésus-Christ manque-t-elle donc jamais à qui veut de toute son âme y coopérer ?

» Le divin Fils de Marie se plaît parmi les lis, c'est-à-dire de préférence il aime les cœurs chastes et purs ; il a des tendresses toutes particu-

lières pour ceux qui veulent vivre comme lui,
auteur et modèle de toute innocence, comme la
très sainte Vierge sa mère, comme saint Joseph,
saint Jean et tous ces bienheureux élus qui sur
la terre ont mené la vie des anges. Venus
donc dans cette maison pour y aimer Dieu uniquement et sans réserve, pourquoi ne prononce-
rions-nous pas le vœu de ne contracter aucun
lien avec le monde, afin de pouvoir être tout
entiers aux familles spirituelles dont Dieu nous
accordera la grâce de devenir de véritables pères?
D'ailleurs la tâche que nous entreprenons est
au-dessus des forces de l'homme; comment la
remplir si nous ne menons que la vie vulgaire
des autres hommes?

» Enfin qu'est-ce qui doit nous empêcher d'émettre
le vœu d'obéissance? nous sommes venus ici pour
obéir, et non pour suivre notre volonté, dont le con-
tact du siècle ne nous a déjà que trop fait comprendre la faiblesse, l'inconstance, les trahisons. Lions-
nous de manière à ne point pouvoir revenir sur
nos pas. Quel soldat, ayant pris ses armes, oserait
fuir le champ de bataille où il a demandé l'honneur
de défendre sa patrie? Oui, engageons à tout
jamais notre volonté; c'est le seul moyen d'avancer
toujours. »

Une telle proposition inonda de joie le noble

cœur du Père de La Salle. Il bénit Dieu des généreuses pensées qu'il inspirait à ses disciples. Mais
il agissait en tout avec tant de sagesse ! Hélas !
n'avait-il pas vu des enfants, des adolescents, pleins
de ferveur le jour de leur première communion
ou au sortir du confessionnal, retomber le lendemain dans la tiédeur, oublier leurs résolutions,
rentrer dans ce chemin du vice où, disaient-ils,
jamais ils ne remettraient le pied !

Craignant donc que les souhaits de ses néophytes ne fussent que l'expression d'une charité
passagère, il ne consentit qu'à leur laisser formuler
ces vœux pour trois ans. « En attendant ce jour
d'un engagement irrévocable, appliquez-vous à
discerner votre vocation, éprouvez vos forces, leur
répéta-t-il. Dieu alors nous suggérera ce qu'il
attend de notre faiblesse. »

Et ces douze Frères furent seuls admis à les
prononcer avec lui tels qu'il en avait dressé la
formule. Les premiers vœux perpétuels ne se
firent qu'en 1694, le jour de la Trinité.

Comme les événements prouvent encore ici la
justesse des vues du Père de La Salle ! Les travaux
très pénibles, les insultes des impies, les contradictions de toute sorte qu'occasionna aux jeunes
instituteurs leur nouveau genre de vie, en dé-
goûtèrent quelques-uns. Insultes, contradictions,

disons-nous, telles que le Père de La Salle lui-
même, cet homme si bon, si doux, si charitable,
ayant adopté le costume de ses disciples, fut maintes
fois injurié, poursuivi dans les rues de la manière
la plus révoltante, et cela au su et vu des magistrats qui encourageaient ces grossières insultes
au lieu de les punir.

Mais ici vous nous arrêterez sans doute. Qui
donc, nous direz-vous, peut être assez lâche, assez
misérable, pour insulter, pour frapper une personne, lorsqu'il sait, lorsqu'il voit qu'elle ne veut
ni ne peut se défendre? Mais le plus petit d'entre
nous a senti son cœur bondir d'indignation, a
désiré l'âge et les forces d'un homme pour prendre
la défense des religieux, des prêtres, et, ô honte !
quelquefois des humbles et timides Sœurs qu'il a
vu injurier même légèrement par l'impie.

A vos légitimes accents d'indignation nous
n'avons qu'une réponse : Oui, ces vilenies, ces
grossièretés brutales, peuvent se produire et se
produisent, parce que nulle créature de Dieu n'é-
gale en ingratitude, en cruauté, en lâcheté celle qui
n'agit que sous l'impulsion du démon, auteur et
instigateur de toutes les bassesses.

Mais votre étonnement et votre indignation s'aug-
menteront encore quand vous verrez une des
causes de cette inqualifiable persécution. Nous--

même n'aurions pas cru à quelque chose d'aussi sauvage, si nous ne l'avions pas lu dans tous les historiens. Rappelez-vous les deux pages reproduites exprès plus haut sur la tenue à l'église, surtout pendant le saint sacrifice de la messe. Assurément ces conseils du Père de La Salle n'étaient que le sommaire bien abrégé de ses recommandations pressantes sur ce sujet. Que si vous sentez la vérité et la force de ces courtes maximes imprimées dans un livre, sans doute vous en seriez bien plus vivement impressionnés si c'était la bouche vénérable de ce modèle des prêtres, de cet ami de l'enfance, qui vous les adressait.

Tels étaient donc les avis sages et pieux qu'à Reims, vers 1684, les Frères et leur Supérieur prodiguaient à leurs nombreux élèves.

Mais qu'arrivait-il? chose incroyable, ou plutôt fait impie, que Dieu permettait sans doute pour mettre à l'épreuve la patience et la charité des dignes maîtres, ces élèves, sourds à toute remontrance, et poussés à l'insubordination par les méchants, n'entraient dans les temples de Dieu que pour les profaner par la plus abominable tenue !...

La ville s'émut de ce scandale. Les âmes pieuses qui soutenaient l'œuvre du Père de La Salle le conjurèrent de le faire cesser au plus tôt. Certes, il ne l'ignorait pas, lui qui en gémissait profondément, qui continuellement adressait aux enfants de touchantes observations à cet égard, qui rappelait sur ce point l'attention toute spéciale de ses disciples. Il eût voulu patienter, espérer encore. Mais puisque le mal devenait intolérable, puisqu'il compromettait l'existence de l'école, il n'y avait pas à hésiter. Il fallait employer la sévérité, là où la douceur et la bonté ne faisaient réellement qu'enhardir les coupables.

Les plus incorrigibles de ces méprisables écoliers furent donc punis ou expulsés.

Eh bien! chers enfants, croirez-vous que ce fait si simple, cette manière d'agir si naturelle, excita contre les Frères une persécution ignoble et presque générale? Trop ignorants ou trop impies pour reprendre leurs fils, des parents se rencontrèrent en grand nombre qui, non-seulement les approuvèrent, mais encore osèrent à cette occasion accabler le Père de La Salle et ses disciples de ces avanies sans nom dont nous venons de vous parler. Pourrez-vous croire qu'on rendit le Père de La Salle responsable de ce mal qu'il s'efforçait d'empêcher; qu'on le punissait, lui innocent, et qu'au lieu de réprimander les coupables on les approuvait, on les glorifiait?

Pourrez-vous croire enfin que cela dura plusieurs années, malgré la patience inaltérable de ces vrais imitateurs de Jésus crucifié? Oui, ce ne fut qu'à la longue qu'ils changèrent en estime et en respect cette haine d'un peuple ; que l'impie vint tout honteux se jeter à leurs pieds pour reconnaître ses torts et leur en demander un pardon que leur charité lui avait déjà donné.

Puisse ce trait vous rappeler entre autres ces deux vérités :

La première, c'est que, quelle que soit votre inconduite — et Dieu préserve vos maîtres de cette désolation ! — ils n'en seraient pas plus découragés que ne le furent, il y a deux cents ans, à Reims, leurs dignes prédécesseurs. Car comme eux ils ne demandent qu'au ciel et la patience et leur salaire. Sur vous seuls descendrait donc, sinon le mépris des hommes, du moins l'indignation de Dieu. Voilà, si ce langage familier nous est permis, tout ce que vous gagneriez à mal faire.

La seconde vérité, c'est qu'en vous conduisant au contraire parfaitement, vous payez, sans vous en douter, à vos maîtres le seul tribut de reconnaissance qui à présent dépende de vous. Ce tribut, c'est l'honneur, c'est le respect que vous appelez sur leurs têtes. Meilleurs vous serez, plus on touchera au doigt, pour ainsi dire, la sainteté de leur mission. Si vous étiez méchants, votre méchanceté prendrait le plus odieux des noms, celui d'*ingratitude*.

Reprenons. Dieu, venons-nous de dire, voulait que les ouvriers envoyés à sa vigne eussent à supporter les fureurs obstinées des tempêtes avant de récolter, mais il était dans ses desseins que cette récolte se fît enfin surabondante.

Le bien produit à Reims ne tarda pas à être connu. Riches et pauvres, vieillards et petits enfants, tous répétaient avec respect les noms bénis des bons maîtres. Les villes de Guise, de Rethel, de Laon et de Château-Portien voulurent avoir des Frères. Plusieurs curés de campagne en demandèrent aussi. Ne pouvant en obtenir, ils envoyèrent au Père de La Salle quelques-uns de leurs jeunes paroissiens, afin de les former à l'art si difficile de l'éducation, et il accepta cet honneur, ou plutôt cette tache pénible.

Ainsi encore, c'est bien lui qui a donné le modèle et le plan des *écoles normales primaires*, comme c'est lui qui, sous le nom d'*écoles dominicales*, a créé les écoles d'adultes, que beaucoup croient être une invention de nos jours, et qui cependant n'ont jamais cessé d'exister chez les Frères. Mais c'est toujours de cette sorte que le monde s'obstine à cacher, à dénaturer les œuvres de Dieu et de sa sainte Eglise, comme si, malgré lui, l'histoire ne disait pas assez haut qu'il n'est pas une entreprise utile et bonne que la religion n'ait réalisée bien longtemps avant même qu'il y songeât.

CHAPITRE X.

UNE première fois, lors de l'adoption de la règle
dont nous venons de parler, le Père de La Salle
avait engagé ses disciples à en choisir un d'entre
eux pour supérieur-général. Non-seulement il ne
se jugeait pas digne de commander, mais encore
il se croyait et s'appelait le dernier de ceux qui
doivent trouver leur salut dans l'obéissance. Voyant
sa communauté formée, il renouvela avec plus
d'instance cette proposition. Mais en vain; deux
votes successifs et unanimes en sa faveur le

forcèrent à reconnaître que sa nomination révélait la volonté du ciel.

Cependant, quelques années après, ils parvient
à obtenir pour successeur le Frère Lheureux,
« homme très sage, plein de modestie et de piété. »
Le digne prêtre se voit au comble de ses vœux.
Chez lui, tout ce qui peut appeler le chef habitué
à donner des ordres a disparu soudain. Nul Frère
n'est plus que lui soumis, obéissant, respectueux ;
nul ne fait autant que lui à la règle et au supérieur
qui la représente le sacrifice de ses goûts, de
sa volonté propre. Oh ! contemplons-le pour notre
édification, ce prêtre si distingué par le savoir,
par le nom, par la naissance, par l'éducation,
et naguère par les dignités et la fortune, et n'ayant
encore que trente-quatre ans, c'est-à-dire juste
l'âge où il lui eût été permis de parvenir aux
plus hauts emplois. Oui, contemplons-le faisant
ses délices de balayer la maison, de laver la vais-
selle, en un mot de remplir les fonctions réputées
les plus basses. Quel exemple donné à tous ses
Frères jeunes ou d'un âge mûr ! Quelle prédication
pour les former tous aux vertus de leur sainte
mission !

Toutefois cet état de choses ne dura guère.
Dès qu'on en fut informé au-dehors, les supérieurs ecclésiastiques s'en émurent et le pressèrent

de se remettre à la tête de ses œuvres. Il obéit.

Bientôt on l'appelle à Paris ; voici à quelle occasion. Le curé de Saint-Sulpice avait depuis deux ans ouvert sur sa paroisse deux écoles qui, malgré sa surveillance et ses sacrifices, ne répondaient que très mal aux résultats qu'il en attendait. Le nom du Père de La Salle étant venu jusqu'à lui, il le pria de les réorganiser et d'en prendre la direction.

Celui-ci, voyant dans la capitale un centre nécessaire à la propagation de son institut, répondit à cette invitation. Après avoir achevé d'établir à Reims solidement son noviciat ou maison préparatoire pour les jeunes gens qui se destinaient à entrer dans l'ordre, il se rend à Paris avec deux Frères, le 24 février 1688.

Inutile de dire qu'en peu de temps tout fut changé dans ces écoles ; non-seulement le Père de La Salle surveillait, dirigeait tout, mais encore il faisait lui-même la classe matin et soir. Aussi les enfants aimaient-ils leurs maîtres et s'instruisaient-ils comme par enchantement ; l'ordre le plus parfait, la plus vive émulation régnaient partout. Mais de tels succès ne furent pas obtenus sans contradictions. Les anciens maîtres conçurent contre leur pieux successeur une haine profonde qu'ils ne tardèrent pas à faire partager à beaucoup.

Leurs mensonges et leurs calomnies furent telles
que peu s'en fallut que le curé lui-même, odieu-
sement circonvenu et trompé, ne congédiât l'homme
qui cependant sous ses yeux mêmes opérait tant
de bien dans la partie la plus importante de son
troupeau.

Quel autre que l'abbé de La Salle aurait sup-
porté l'injuste humiliation qu'il subit alors! On
le soumit lui et ses écoles à une enquête, à des
interrogatoires multipliés; on organisa un espion-
nage pour le prendre en défaut; et le saint prêtre,
sans plainte, sans murmure, sans observation,
se prêta docilement à tout ce qu'on exigea; accepta toutes ces avanies; la patience fut toute sa
justification. Mais il ne se trompait pas en disant
que « c'est par la croix qu'on arrive au triomphe. »
De cette épreuve sa gloire sortit plus pure et plus
éclatante. Le procès qu'il fut obligé de soutenir
à cette occasion devant les tribunaux, et qu'il
gagna glorieusement, confondit ses calomnia-
teurs, lui concilia toutes les âmes honnêtes, et
surtout lui gagna entièrement l'estime du nouveau
curé de Saint-Sulpice. Cet ecclésiastique lui té-
moigna une estime et une reconnaissance bien
propres à lui faire oublier les torts de son pré-
décesseur, si son noble cœur avait pu en garder
le souvenir.

Sous le patronage puissant et dévoué de ce zélé pasteur, les fondations à Paris se seraient rapidement multipliées ; mais Dieu, qui voulait que son serviteur fidèle ne cessât jamais de boire à son calice amer, lui envoya une maladie grave. Si un miracle empêcha qu'une sainte mort couronnât alors cette sainte vie, les œuvres projetées n'en furent pas moins interrompues. Trois années s'écoulèrent donc. En 1691 seulement l'AMI DE L'ENFANCE put fonder un noviciat dans Paris. Pour cela il choisit Vaugirard, village situé presque aux portes de la capitale.

Conformément à ses vues, ou plutôt à celles de la Providence qu'il consultait toujours par les plus ferventes prières, il n'exigea des aspirants que de la bonne volonté. Il en fallait en effet beaucoup. Nous ne saurions omettre la description authentique de cet établissement. Comment *Celui qui a promis de se trouver toujours avec deux ou trois assemblés en son nom,* ne se serait-il pas complu avec des âmes s'oubliant ainsi pour le servir uniquement? En lisant l'histoire de cette fondation, ne croirait-on pas avoir sous les yeux un feuillet de l'histoire des Pères du désert? Quelle foi vive ! quelle ardente charité ! Si les disciples marchaient avec tant de courage dans les voies de la perfection évangélique, que devait donc être l'homme qui,

par obéissance, placé à leur tête, craignait toujours
de ralentir leurs pas ou de mal leur montrer le
chemin ?

« Quelle était leur retraite ? Maison la plus pauvre, la plus dénuée de toute ressource ; pas une
fenêtre qu'on pût fermer ; chambres ouvertes à
tous les vents, à la pluie, à la neige, à la grêle ;
les lits en étaient quelquefois absolument couverts.
Et quels lits ! de simples paillasses mal garnies,
mal faites ; deux seuls mauvais matelas, l'un des-
tiné aux malades, l'autre au supérieur qui ne
s'en servait jamais, ayant toujours soin de le
retirer quand il se couchait. Voilà les richesses
de cette maison inhabitable pour tous autres que
pour des hommes qui avaient juré une haine
immortelle à leurs corps. Quoique le froid fût
alors très vif, jamais il n'y avait de feu dans la
maison ni même dans la cuisine : c'était dans celle
de l'école de la rue du Bac qu'on préparait les
aliments, c'est-à-dire quelques restes que les
communautés de Saint-Sulpice avaient la charité
de donner. Quant aux vêtements des novices, c'é-
taient des haillons plutôt que des habits. »

Et pour compléter la sainteté de ce tableau,
n'oublions pas d'ajouter qu'il s'offrait au moment
où la misère à Paris était extrême. Ce qui veut
dire que, les sources de la charité étant taries,

même le pain aurait manqué souvent à la congrégation, si, comme le disent les témoins ocu-
laires, la Providence elle-même ne l'avait sensiblement secourue.

La famine de 1693 obligea de fermer le noviciat de Vaugirard; il fut transféré chez les Frères
de Saint-Sulpice, et devint bientôt si nombreux qu'il
fallut louer une autre maison.

De 1693 à 1705, les *Frères des écoles chrétiennes*
s'établissent dans plusieurs villes de France; mais
leurs noms sont répétés bien au-delà de nos fron-
tières. Ainsi le Frère Drôlin, digne collaborateur
du Père de La Salle, érige une école dans Rome
même, sous les yeux et les auspices du Saint-Siége.
Cette fondation et son succès ne sont pas une
des moindres consolations du serviteur de Dieu.
Ainsi encore il reçoit de Jacques II, en 1698,
cinquante Irlandais qu'il est prié de former à
l'enseignement selon sa pieuse et savante méthode.

Nous arrivons à la fondation la plus importante.
En 1705, il se résout à faire sortir ses novices
de Paris, et il les établit à Saint-Yon, situé à
l'extrémité d'un des faubourgs de Rouen. Là se
trouvait un vaste local offrant, quoique à la porte
d'une grande ville, une solitude éminemment
propre à remplir le but qu'il se proposait. Cet

endroit est devenu le patrimoine de ses enfants, que l'on appelle encore de nos jours, à cause de cela, FRÈRES DE SAINT-YON.

Le dernier établissement auquel le vénérable instituteur travailla lui-même avec succès, fut celui de Boulogne-sur-Mer.

Nous ne parlerons pas, chers enfants, des travaux, des peines, des humiliations, des souffrances de tout genre qu'il eut à endurer pour organiser dans tant de lieux différents de mœurs, d'habitudes, de croyances mêmes, des maisons qui ne voulaient servir partout que Jésus-Christ et sa sainte Eglise. Pas une épreuve ne lui fut ménagée, pas une douleur ne manqua à sa belle âme, surtout à Mende.

Mais bien que nous le voyons traiter toujours son corps en ennemi, ne devons-nous pas aussi dire un mot de ce qu'il lui fit souffrir? Presque toujours c'était à pied qu'il parcourait les plus grandes distances, quel que fût le temps. Et cependant toujours il se ressentit de la rupture d'un membre. Vers sa trentième année, cheminant et comme perdu dans la neige, il était tombé au fond d'un ravin très profond d'où on l'avait retiré demi mort. A cette souffrance, qui se réveillait souvent avec intensité, joignez les douleurs périodiques d'un rhumatisme très tenace, la mauvaise nourriture, les veilles, les fatigues naturelles de l'âge, et vous arriverez aisément à conclure que Dieu ne pouvait qu'aimer un adorateur aussi passionné de la croix.

CHAPITRE XI.

MALADIE ET MORT DU VÉNÉRABLE DE LA SALLE.

Cependant l'heure venait où toute justice allait
être rendue au Père de La Salle. Depuis déjà
longtemps, sentant approcher sa fin, il cherchait
à se mêler le moins possible du gouvernement de
son Institut ; il bornait son zèle à quelques conseils,
pour « apprendre à ses enfants à se passer de
lui. » Ne pouvant les décider à lui nommer un
remplaçant, il obtint au moins d'eux la faculté de
vivre comme caché dans la solitude de Saint-Yon ,
et de ne s'y occuper que de la conduite des
novices.

Une lettre nous dit quelles étaient alors ses pensées. « Je vous prie, répondait-il de cette maison à un Frère, ne songez plus, pour l'amour de Dieu, à vous adresser à moi en aucune façon; vous avez vos supérieurs : je ne dois désormais que me préparer à la mort. »

Et voici comment il s'y préparait. Craignant Celui devant qui les anges se voilent la face, à mesure que ses forces diminuaient et que ses infirmités s'aggravaient, il prolongeait ses prières dans la mortification et les austérités. Le suppliait-on de s'épargner, il disait : « La victime est prête, il faut la purifier. » Et plus le danger augmentait, plus son âme se dilatait dans la joie. « J'espère que je serai bientôt délivré de l'Egypte pour être introduit dans la véritable terre promise. »

Son rhumatisme habituel se ravivant avec l'intensité la plus douloureuse, un asthme aigu, de violents maux de tête causés par la chute d'une porte, joints à l'épuisement général de tout son corps, compliquaient tellement son état, que les médecins n'hésitaient pas à déclarer sa mort très prochaine. Mais n'en concluons pas que toutes ces douleurs fussent au-dessus de sa foi, de sa résignation, de sa présence d'esprit; il acceptait cette mort sans regret, sans illusion.

« Mon heure vient, disait-il ; ne vous mettez point en dépense, épargnez-vous les frais de remèdes nouveaux ; comme moi, n'ayez plus recours qu'au souverain médecin qui peut guérir et soulager tout mal. » S'il avait accepté jusqu'alors les médicaments qu'on lui présentait, « ce n'était, remarquent ses biographes, que parce qu'ils étaient amers et qu'ils augmentaient son malaise. »

N'en concluons pas non plus qu'il traitât alors son corps avec moins de dureté ; non, non, il le forçait, pour ainsi dire, à lui obéir. Lorsque tout autre eût gardé le lit, il montait encore à l'autel, il priait longtemps à genoux, il confessait selon son ordinaire.

Le carême approchait, et il aurait pratiqué ses austérités habituelles en ce saint temps, sans les ordres du Frère Barthélemy, qui venait d'être élu supérieur-général, et de son confesseur. Mais nous avons peut-être besoin, chers enfants, d'instruire ici votre piété. Pourquoi donc ces longs jeûnes, ces macérations continuelles du Père de La Salle ? vous diront peut-être quelques ignorants, quelques impies. Dieu lui commandait-il de telles choses ? Ses contemporains n'avaient-ils pas raison de le traiter de fanatique, d'orgueilleux, d'insensé ?

Une semblable question exigerait une très longue

réponse, puisqu'elle touche aux fondements mêmes de notre sainte religion ; puisque, si cette objection de l'ignorance et de l'impiété était vraie, non-seulement notre croyance en Jésus-Christ, Sauveur et Rédempteur du monde, serait vaine et fausse, mais encore il n'y aurait que cruauté et absurdité dans quelque espèce de religion que nous puissions imaginer. Toutes en effet, plus ou moins, ordonnent à l'homme de résister à ses mauvais penchants, de combattre ses passions. Mais qu'est cette lutte? pourquoi cette violence faite à nous-même? comment la comprendre, si rien ne nous oblige de mortifier notre cœur, nos sens, tous nos organes? Prétendre qu'on a de la religion, et en même temps satisfaire sans gêne ses convoitises, c'est donc être un menteur ou un insensé.

Toutefois, si par force nous ne pouvons présenter que quelques considérations, espérons que, confirmées par la grâce, elles suffiront à augmenter en vous, loin de la diminuer, votre vénération pour votre pieux fondateur et pour tous ceux qui ont le bonheur de marcher sur ses traces.

A ceux qui blâmeraient ses mortifications, vous répondrez : Parmi les âmes, il en est que Dieu appelle à une plus haute perfection que les autres : celles-ci gagneront le ciel en se bornant à accomplir tout ce qui est *commandé ;* celles-là s'assiéront sur les plus beaux trônes éternels pour avoir accompli le simple *conseil;* c'est-à-dire pour avoir fait plus que ce qui est rigoureusement nécessaire à l'acquisition du divin héritage. Par conséquent, qu'une âme ne se sente pas le courage de porter la vertu jusqu'à son degré sublime, s'ensuit-il qu'elle doive critiquer, traiter de fanatiques, d'ignorants, les saints qui la portent à ce degré? Elle ne peut que marcher terre à terre dans le chemin qui mène au ciel; est-ce là une raison pour blâmer et insulter une autre âme qui y court, qui y vole avec une ardeur infatigable? Oh! homme tiède et lâche, envie donc plutôt le bonheur de ton frère, loue-le, prie-le en gémissant sur ta propre faiblesse.

Répondez-leur : Beaucoup se perdent parce qu'ils cèdent à l'intempérance, à la vanité, à la gourmandise, à l'avarice, à la paresse. Eh bien! le Seigneur dans sa miséricorde ne se contente pas de leur dire dans ses saints livres, par la voix de ses prêtres : Vous êtes grandement coupables d'agir ainsi, vous devez et vous pouvez mieux faire. Non. Il a soin de présenter toujours à leurs regards d'autres hommes qui, sujets pourtant aux mêmes misères, aux mêmes passions, aux mêmes tentations qu'eux, en triomphent constamment. Et alors, d'une manière plus directe et plus sensible, montrant le chemin aux tièdes et aux méchants, Dieu leur crie sans cesse, par l'exemple de ses saints : « Vous dites qu'il est impossible d'observer ma loi, mais vous avez près de vous la preuve du contraire, puisque vous voyez de vos yeux parler et agir des âmes semblables à la vôtre, qui font même plus que ma loi ne leur demande. Votre lâcheté, votre mollesse ne pourront donc trouver aucune excuse devant moi, au jour suprême de mes justices. » C'est ainsi que les saints nous sont donnés par la bonté divine comme une prédication vivante qui ne cesse jamais. Leur vie est une des plus retentissantes voix de Dieu.

Vous leur répondrez : Chaque jour il se commet dans le monde une quantité innombrable de péchés. Que deviendrait cette terre coupable ? échapperait-elle aux malédictions et aux vengeances d'un Dieu outragé, s'il ne s'y rencontrait pas des âmes pour les empêcher ? « Allez dans les rues de Jérusalem, dit le Seigneur au prophète, cherchez, voyez si vous trouvez quelque part un homme qui fasse le bien, et si vous le trouvez, je serai favorable à cette ville et je la défendrai. » Eh bien ! ces âmes que Dieu demande pour nous épargner tous, ce sont les justes. Bénissons-les donc ces justes qui ne font que prier, gémir, veiller, se mortifier, souffrir pour ceux qui ne veulent expier leurs propres crimes par aucun de ces moyens. Remercions-les à genoux, puisque si la foudre du ciel ne tombe pas sur nos têtes coupables, c'est la sainteté des justes qui l'en détourne. Oui, ce sont bien là les rédempteurs quotidiens de la société; louons-les, glorifions-les; ne donnassent-ils pour nous qu'une larme, une obole, une prière, un jeûne, rendons-leur grâce de ce don si minime en apparence; que savons-nous si ce ne sera pas là le petit grain qui fera pencher la balance divine du côté de la miséricorde, qui empêchera la famine, la peste, la guerre, d'exécuter sur nous les vengeances de Dieu? Comme vient de le dire le Seigneur, un seul juste suffit à sauver toute une ville.

Enfin vous leur répondrez : Qu'est-ce qu'un chrétien, sinon un disciple de Jésus-Christ. Donc, pour mériter cette dénomination, il faut le suivre pas à pas dans le chemin qui va de la crèche au calvaire; comme lui prier et veiller, comme lui accepter et chercher la souffrance, comme lui mourir! Donc encore, comment seraient-ils insensés ceux qui ne veulent ici-bas fouler d'autres sentiers que le sentier royal de la croix, qu'une main divine leur a ouvert, et où elle les conduit? Qu'est leur vie entière, sinon, autant qu'ils le

peuvent, une imitation, une continuation de la vie
de celui qui est vraiment Dieu, au saint nom
de qui tout genou fléchit au ciel et sur la terre,
et en dehors de qui le salut est impossible ? Vous
les blâmez ; mais ce qu'ils font n'est que la conséquence rigoureuse de ce qu'ils croient, de ce
qu'ils espèrent, de ce qu'ils aiment.

Méditez un peu, chers enfants, ces courtes
réponses, et vous retirerez plus de profit de ce
qui nous reste à dire du Vénérable de La Salle ;
car être témoin de la mort du juste est une des
plus grandes grâces que nous puissions recevoir.

On touchait à la fête de saint Joseph, patron
de l'Institut. Le pieux malade, qui avait une dévotion toute spéciale pour le chaste époux de Marie,
espérait pouvoir célébrer ce jour en disant la
sainte messe ; mais telle était sa fatigue qu'il
n'osait y compter ; il ne semblait pas possible que
cela se fît sans miracle. Le miracle cependant lui
fut accordé : la veille, vers dix heures du soir,
la violence du mal diminua, et les forces revinrent
soudainement. Plein de reconnaissance, bien qu'il
n'osât croire à ce qu'il sentait, il monta à l'autel.
Quel étonnement, quels transports de joie chez
les Frères témoins de ce fait ! La figure du noble
vieillard est calme, aucune altération n'apparaît
sur ses traits ; sa personne entière porte au con--

traire moins de marques d'abattement et de lan-
gueur que de coutume. Déjà, croyant leur
tendre père sauvé, tous remercient Dieu. Mais,
hélas ! vaines espérances !...

Le mardi saint, il demanda le saint Viatique,
en priant instamment qu'on le retirât du lit pour
recevoir dignement son Dieu pour la dernière
fois. Et se faisant revêtir du surplis et de l'étole,
il se tint assis. Mais quand fut introduit l'adorable Sacrement, il ne put résister à l'amour qui
le pressait. Voyez-le à genoux. A genoux! et il
se mourait, et il fallait plusieurs bras pour le soutenir. Quelle scène digne de la contemplation des
anges ?

L'extrême-onction lui fut donnée le jeudi saint.
Les prières achevées, il resta silencieux sept heures
de suite, puis il adressa la parole à ceux qui
l'entouraient et qui recueillaient avec douleur et
amour, les larmes aux yeux, ces adieux suprêmes.

Voici le testament qu'il leur laissa. « Je recommande premièrement mon âme à Dieu et
ensuite tous les Frères auxquels il m'a uni, et je
leur recommande sur toutes choses d'avoir une
entière soumission à l'Eglise, et surtout dans les
temps fâcheux. Pour en donner des marques, qu'ils
ne se désunissent en rien de notre saint Père
le Pape et de l'Eglise romaine, se souvenant

toujours que j'ai envoyé deux Frères à Rome pour
demander à Dieu que leur société y restât toujours
soumise. Je leur recommande une grande dévotion envers Notre-Seigneur, la fréquente communion, une tendre piété envers la très sainte
Vierge et saint Joseph, patron et protecteur de
leur société. Qu'ils s'acquittent de leur emploi
avec zèle et désintéressement, qu'ils aient une
union intime entre eux, une obéissance aveugle
à l'égard de leurs supérieurs, l'obéissance, fondement de toute perfection dans une communauté. »

Il eut beaucoup de peine à prononcer ces dernières paroles; il entrait en agonie, lorsque tous
lui demandèrent à genoux sa bénédiction. Le
Frère Barthélemy usa encore ici de son autorité
pour le décider à bénir, outre ceux qui étaient là,
généralement tous les membres de l'Institut. Même
en ce moment le vénérable prêtre ne s'obstinait
à voir en lui-même que de l'indignité; mais, en
vertu de la sainte obéissance, levant les yeux et
les mains au ciel, il dit :

Que le Seigneur vous bénisse tous !

Rien, disent les témoins de ce spectacle édifiant,
n'aurait alors arrêté les sanglots et les pleurs
des assistants, s'ils n'avaient été convaincus que

cette bénédiction était le gage et le prélude des
bénédictions plus puissantes qu'il allait bientôt
et à jamais faire descendre sur eux du haut du
ciel. Sur le soir, il perdit connaissance. Mais, après
la récitation des prières des agonisants, il la re-
couvra pour dire à sa chère famille :

« Si vous voulez vous conserver et mourir dans
votre état, n'ayez jamais de commerce avec le
monde ; car peu à peu, à votre insu, vous entre-
riez dans ses idées, vous partageriez sa manière
de voir, ses illusions, ses erreurs. Et alors vous
n'observeriez plus vos règles, ce qui vous dégoû-
terait de votre état et vous rendrait des ouvriers
inutiles dans le champ du Seigneur. »

Remarquez bien ces recommandations, pieux
enfants, quoique elles ne semblent regarder que
vos maîtres. S'ils fréquentaient le monde, si on
les voyait dans les fêtes et les plaisirs du siècle,
si comme le monde ils ne convoitaient que l'or et
le bien-être, pourraient-ils, ainsi qu'ils le font, ne
penser qu'à vous, ne parler, ne s'occuper que de
vous, partager si généreusement toutes vos joies,
tous vos succès, s'affliger de toutes vos peines,
se sentir heureux quand vous agissez bien, malheureux quand votre conduite est mauvaise ? S'ils
étaient les amis du monde, c'est-à-dire des
maîtres mercenaires payés tant à l'heure, s'im-

poseraient-ils pour vous toutes ces fatigues, toutes ces privations, tous ces sacrifices qui n'étonnent plus sans doute l'homme sérieux ami de son Dieu et de son pays, mais qu'il admire toujours?

Donc, vous le voyez, demander au Seigneur que vos maîtres gardent précieusement les recommandations de leur vénérable fondateur, c'est demander pour vous-mêmes la continuation des biens qui vous sont faits chaque jour. Demander qu'ils restent pieux, c'est demander à le devenir vous-mêmes de plus en plus. Pieux! et tout est là. Oh! puissiez-vous l'être comme ces enfants de douze à quatorze ans dont les missionnaires de la Corée nous racontaient ces jours-ci le martyre. Braves enfants, ils ont tous préféré se laisser broyer les os sous des marteaux de fer plutôt que de dire aux cruels mandarins : Nous renonçons à Jésus-Christ !

Ou plutôt non, chers enfants; ce que Dieu vous demande de fidélité et d'amour en échange de l'éducation chrétienne qu'il vous donne, ce n'est peut-être pas l'effusion de votre sang, le martyre. Daigne sa bonté éloigner de vous et de nous cette épreuve terrible, ce témoignage suprême! Mais ce qu'il est en droit d'attendre de votre cœur, c'est une reconnaissance éternelle de ses bienfaits. Ecoutez comment on peut la manifester. Nous détachons ces lignes d'une belle fête célébrée à Paris, le 5 août 1858, que nous avons sous les yeux en ce moment même où notre cœur vous adjure de rester *pieux*.

Il s'agit de l'Œuvre de Saint-François de Sales, fondée par Mgr de Ségur, dans le but principal de ne laisser sans école aucun quartier de nos plus grandes villes. Par elle a été construit dans Paris un établissement au faubourg si populeux, si pauvre, et où sont rassemblées tant de misères, qui porte le nom de Saint-Marceau; il a coûté plus de 20,000 fr. en travaux de peinture, de boiserie, de menuiserie, en décorations de toute sorte pour la chapelle et les salles. Mais savez-vous qui a principalement fondé ces classes? ce sont vingt-cinq entrepreneurs du quartier; ils se sont, remarque l'orateur qui présidait à l'inauguration de cette œuvre, *ils se sont disputé l'honneur de concourir à sa fondation.* Et pourquoi cet empressement, chers enfants? d'où venait le zèle de ces braves ouvriers? La réponse de l'un d'eux va vous l'apprendre. Et cette réponse, remarquez-la, retenez-la ! Bien mieux que nos paroles, elle vous explique le mot *piété.*

« Non, je ne veux rien. Je suis un ancien élève des Frères, je leur ai gardé toujours une vive reconnaissance de l'éducation gratuite qu'ils m'ont donnée ; je suis trop heureux de trouver une occasion de travailler à mon tour gratuitement pour une école où ils feront à d'autres enfants le même bien qu'ils m'ont fait à moi-même. »

Ne nous pardonnez-vous pas, chers enfants, d'avoir laissé aller notre plume pour vous dire ces choses qui nous sont venues comme d'elles-mêmes ?

Achevons notre touchant récit. Une sueur froide qui survint empêcha le moribond de continuer ses recommandations ; son agonie dura de minuit à deux heures et demie du matin.

C'était le Vendredi saint.

Le Vénérable de La Salle eut donc le privilége glorieux de rendre son âme à Jésus-Christ le jour même où cet adorable Sauveur mourait sur la croix ! Après avoir lu ce qui précède, qui oserait affirmer que cette circonstance n'était pas ici pour le mourant une consolation et une espérance, pour nous un signe du ciel, surtout quand on tient compte de ses désirs réitérés de rendre l'âme pendant la semaine sainte ? Ses dernières paroles furent :

J'adore en toutes choses la conduite de Dieu à mon égard.

C'est avec cette sérénité, cette résignation céleste, que finissent ces *bienheureux qui meurent dans le Seigneur !*

A quatre heures, joignant les mains et regardant le ciel, il comparaissait au tribunal du souverain Juge ; disons mieux, auprès des trônes de ses bien-aimés JÉSUS, MARIE, JOSEPH !

Ainsi mourut le *fondateur des Frères des écoles chrétiennes*, le 7 avril 1719, à l'âge de soixante-huit ans.

CHAPITRE XII.

VERTUS DU VÉNÉRABLE DE LA SALLE.

Seule infaillible dans le discernement de ce qui est vrai ou faux, bon ou mauvais, parce qu'elle seule a reçu de Jésus-Christ le privilége d'enseigner à tout jamais la vérité et la vertu, l'Eglise né peut se tromper sur les conditions et les caractères de la sainteté; à elle seule le droit de proposer une âme à la vénération des peuples, et de les convier à prier aux pieds des autels qu'elle érige en son honneur. Par conséquent, il n'appartient à personne de prévenir le jugement que cette divine Eglise romaine portera sur Jean-Baptiste de La Salle.

Toutefois, avant de raconter les faits qui ont suivi la mort du fondateur des écoles chrétiennes, nous devons dire quelques mots de ses vertus. Deux raisons nous y obligent. D'abord, parce qu'il est une foule de paroles et d'actes auxquels il nous a été impossible d'assigner juste leur place dans notre récit. Et assurément ils méritent d'être connus, car ils inspirent la plus grande édification.

Et puis, comme les contemporains du noble prêtre lui reprochaient des défauts et même des vices, n'est-ce pas un rigoureux devoir pour ses biographes de prendre sa défense et de le justifier? Indépendamment des miracles qui suffiraient et au-delà à sa glorification, il y a de nombreux documents qui l'établissent. Aussitôt après sa mort, le Frère Barthélemy, supérieur-général, interrogea pour découvrir la vérité, et fit interroger toutes les personnes qui s'étaient trouvées en rapport avec l'illustre défunt, tous les lieux où il avait passé, tous les papiers où il avait déposé ses pensées et ses sentiments. Ces mémoires, recueillis avec le soin le plus religieux, non-seulement ont été conservés, mais encore ils ont acquis d'année en année une nouvelle force par les témoignages qui sont venus s'y joindre de toute part et dans le même sens.

Nous ne diminuerons donc en rien le respect dû à l'autorité suprême de l'Eglise, en nous efforçant de prouver dès à présent que, dans une mesure dont Dieu seul connaît l'étendue, les prétendus défauts de Jean-Baptiste de La Salle n'étaient que ceux des Bernard, des Bruno, des François d'Assise, des Dominique, des Camille de Lellis, des Joseph de Calanze, en un mot, de tous ces grands serviteurs de Dieu dont les noms, inscrits solennellement au livre de vie, ne s'effaceront pas de la mémoire des générations. Par des preuves courtes, mais sommaires et substantielles, nous établirons avec tous les historiens de de La Salle, et avec l'assentiment de la multitude de ses disciples, que les injures, les persécutions dont il fut l'objet lui venaient toutes de « sa fermeté à ne jamais trahir la cause de Dieu et de sa participation abondante à cette sagesse céleste qui confond et humilie les prévisions de la sagesse humaine. »

Pour mieux faire ressortir cette vérité, qu'il nous suffise de montrer de quel éclat brillèrent chez lui les vertus théologales. Il sera ensuite aisé de voir à quel degré il pratiqua toutes les autres vertus qui en découlent nécessairement.

FOI DU VÉNÉRABLE DE LA SALLE.

De lui surtout il était vrai de dire avec l'apôtre : *le juste vit de la foi.* Jamais il ne formait un projet, il ne le poursuivait ou n'y renonçait qu'en en pesant, pour ainsi dire, les moindres conséquences dans la balance de l'Evangile. En quoi que ce soit, il cherchait non sa volonté propre, sa satisfaction personnelle, mais le désir de Dieu et de sa sainte Eglise, leur rapportant tout honneur, toute gloire s'il réussissait ; les bénissant avec plus de confiance et d'amour s'il échouait, contrairement à ses espérances les mieux fondées, les plus légitimes.

Cette foi vive du Vénérable de La Salle se traduisait partout visiblement. Priait-il? son attitude, son recueillement profond, l'anéantissement de tout son être, frappaient d'étonnement tous ceux qui passaient près de lui.

Adorait-il le très saint Sacrement? quelle que fût la longueur de sa visite, on eût dit un ange, tant son extérieur entier révélait alors quelque chose de céleste.

Catéchisait-il les pauvres, les enfants? c'était avec une patience, une bonté, un zèle qui montraient la haute idée qu'il se formait de cette fonction, le prix immense qu'il attachait au salut de ces âmes que Jésus-Christ daignait lui confier. Oh! non, il ne voulait pas que, pour ses chers élèves, le catéchisme fût une simple affaire de mémoire. Comme il les questionnait en tout sens, comme il multipliait les explications les plus ingénieuses, les plus touchantes, pour s'assurer que ses leçons étaient comprises et acceptées surtout par ces jeunes cœurs! Comme à l'égard de ses disciples il voulait qu'ils se rendissent dignes, avant tout, de leur nom caractéristique de *Frères de la doctrine chrétienne!*

Cette foi se manifestait dans ses moindres relations avec sa famille spirituelle ou avec le monde. En compagnie, n'importe la qualité, l'âge et le rang des personnes, il ramenait toujours la conversation sur quelque pensée religieuse. Dès qu'on parlait d'autre chose, il restait silencieux ou même il demandait à se retirer. Ainsi semblait-il toujours en colloque avec le ciel.

Cette foi vive en un Dieu rémunérateur de tout sacrifice, en Jésus doux et humble de cœur, ne reconnaissant pour disciples que ceux qui lui aident à porter sa croix, lui faisait trouver son bonheur à manger le pain mendié par lui-même; à choisir pour son usage les habits les plus usés, la cellule la moins commode, les meubles mis

au rebut; à dire à sa communauté, quand elle
manquait de tout : Félicitons-nous de ressembler
à notre divin Sauveur abandonné de tous au
moment où, victime innocente, il se voyait pré-
férer Barrabas, où il était foulé comme un misérable ver de terre! C'était l'esprit de foi qui le
traînait à table, honteux comme s'il eût été un
misérable indigne de s'y asseoir; qui, pour le
méchant morceau dont il se nourrissait, lui sug-
gérait des paroles de reconnaissance telles qu'en
dirait à peine l'homme comblé du plus insigne
bienfait.

Et cette foi du vénérable de La Salle n'était
point incertaine dans sa règle et dans son objet,
le produit des seules généreuses aspirations de
son cœur. Non, elle provenait aussi chez lui des
convictions réfléchies de son intelligence. Métho-
dique et raisonnée, elle avait pour fondement et
pour guide l'enseignement même de la sainte
Eglise romaine. « Ne recevez que ce qu'elle reçoit,
répétait-il, approuvez ce qu'elle approuve, con-
damnez ce qu'elle condamne. » Aussi bien est-ce
en s'attachant étroitement à cette Eglise, colonne
inébranlable de la vérité, qu'il n'hésita pas un
instant sur sa ligne de conduite en face de l'hérésie
janséniste, dont les chefs puissants mirent tout en
œuvre pour le gagner à leur parti. Aucune

promesse, aucune menace ne l'ébranlèrent. « Nous souffrirons, disait-il, la soif et la faim, nos projets périront, si, pour punir notre indignité, Dieu permet à l'enfer de les détruire ; mais nous persévèrerons dans la foi et l'amour de l'Eglise catholique. »

C'est par cette foi inflexible, par cette foi savante, qu'a mérité d'être regardé par les hérétiques comme un de leurs plus redoutables adversaires cet homme si conciliant pourtant et si doux, qui signait : DE LA SALLE, *prêtre romain.*

SON ESPÉRANCE.

L'ardeur de sa foi nous dit celle de son espérance. Comment croire intimement en Dieu et à sa parole, sans espérer fortement dans sa justice et dans l'abondance de ses grâces ?

Aussi à quel degré le Père de La Salle n'a-t-il pas porté cette confiance en Dieu, cet abandon à sa volonté, au milieu des persécutions les plus injustes ? Chose remarquée souvent et bien digne d'admiration, c'était lorsque tout lui manquait ; dans le moment le plus critique où ses disciples lui faisaient défaut, où ses protecteurs devenaient ses ennemis ; lorsque lui et les siens enduraient

les douleurs de la famine, sans espoir qu'on leur
vînt en aide; lorsque sans défense il se voyait
traduit devant les tribunaux; lorsqu'il entendait
condamner ses règlements, calomnier et tourner
en ridicule ses habitudes; c'était alors surtout
qu'il comptait sur Dieu, comme un enfant soumis
et affectueux compte sur son père. Non, jamais
dans ces rudes épreuves, presque aussi multipliées
que les heures de sa vie, on ne le trouva inquiet,
déconcerté, tant soit peu triste. Les qualités de
son espérance sont dépeintes sommairement dans
ce passage :

« On remarqua qu'il consentit sans résistance
à aller où la Providence le conduisait, à quitter
les lieux d'où elle le rappelait, à renoncer aux
personnes, aux emplois, aux entreprises qui pa-
raissaient plus convenables aux fins qu'il se proposait, dès qu'il lui paraissait certain que Dieu
lui demandait ces sortes de sacrifices. »

Sa confiance, en un mot, fut toujours la traduction de ces recommandations à ses néophytes :
« Ne nous mettons point en peine de ce qui nous
regarde; confions-nous en Dieu; c'est à lui à
disposer de nous comme il lui plaît; prenons
garde de ne nous jamais décourager par les peines
et les contrariétés qui nous arrivent. Si la divine
Providence juge à propos de nous éprouver en

cette vie, elle nous récompensera en l'autre.
Comme les hommes de Dieu qui nous ont précédés,
attendons tout de sa bonté, jetons-nous entre les
bras de sa tendresse, et prions-le de disposer
de nous comme il lui plaira. Soyons sans inquiétude, nous ne serons pas éprouvés au-delà de
nos forces; et, si nous sommes fidèles à la grâce,
notre confiance sera couronnée. Le temps de l'é-
preuve passe, celui de la récompense est éternel. »

Et c'est ainsi qu'il est vrai de dire de de La
Salle ce que dit l'Ecriture sainte des âmes chéries
du cœur de Dieu : *Il espérait contre toute espérance!*

SA CHARITÉ : 1° POUR DIEU ; 2° POUR LE PROCHAIN.

L'histoire de sa vie semble l'histoire même de
la charité en action. « Quel homme entreprenant,
ambitieux, disaient ses ennemis et tous les cœurs
lâches ou ignorants de cette époque. » Eh! comment ne serait-il pas dévoré d'ardeur et d'ambition
l'homme que la charité anime? La charité n'est-
elle pas *ce zèle de la maison de Dieu qui consume l'âme;*
ce feu qui ne saurait s'éteindre? Oui donc, le Père
de La Salle fut embrasé de cet amour brûlant.

1° Pour Dieu, il préféra une vie abjecte et pauvre
aux distinctions et au bien-être que lui auraient

procurés ses richesses patrimoniales, ses dignités ecclésiastiques. Pour Dieu, il renonça non-seulement à ses plus chères affections, au bonheur qu'il goûtait dans sa famille, aux espérances les plus fondées d'un avenir brillant, mais encore il se renonça lui-même; c'est-à-dire il ne voulut posséder aucun bien sur la terre, pas même sa volonté. Puisque Dieu, croyait-il, lui demandait ces sacrifices, il aurait pensé ne pas aimer Dieu s'il les avait refusés.

Pour Dieu, il ne recula devant aucun obstacle, devant aucune douleur. Il mettait en pratique ses propres sentiments lorsqu'il disait : « Soyez unis à Dieu; vous n'avancerez dans les perfections de son amour qu'en raison de vos sacrifices... Appliquez-vous tellement à toutes vos actions, que chacune d'elles vous serve à augmenter la charité. Comment pourriez-vous croire que vous aimez Dieu, si vous pensez rarement à lui, si vous n'en parlez pas volontiers, si vous n'êtes pas fidèles à agir dans l'unique vue de lui plaire? » Aussi, s'entretenant sans cesse de Celui qu'il prêchait, l'entendait-on jusque dans son sommeil exhaler ce soupir : *Mon Dieu, je vous aime; vous savez que je n'aime que vous.*

Pour Dieu, il eût aussi bien accepté le martyre du sang, qu'il accepta presque toute sa vie le martyre des humiliations et des souffrances physiques et morales.

Et si la prière est une preuve de l'amour, que irons-nous de cette prière elle-même? Pour lui, jamais elle n'était assez longue; il priait la nuit, malgré la rigueur du froid et un caillou sur son prie-dieu, afin d'être réveillé si le sommeil trahissait ses désirs. Que de fois il trompa sa famille en lui faisant croire que, si elle le trouvait le premier rendu à l'oraison, c'est qu'il avait été plus prompt à quitter le lit! Il n'en était rien; car là il avait passé la nuit complète à méditer, à prier.

En un mot, telle était la ferveur de ses prières que souvent il ne voyait ni n'entendait rien de ce qui se passait à ses côtés; c'était vraiment « le ravissement, l'extase. »

Enfin le nom de Marie sur toutes les lèvres chrétiennes se joint toujours à celui de Jésus. N'oublions donc pas que le Vénérable de La Salle ne permettait pas de la nommer sans ajouter *très sainte;* qu'il célébrait ses fêtes avec une dévotion toute particulière; que tous les jours il récitait le chapelet, et se faisait un devoir de le dire dans ses voyages, en traversant les rues et les places les plus fréquentées; sainte pratique qui, vous le voyez, n'a pas été recommandée en vain à ses disciples.

2° Sa charité pour le prochain éclate trop à chaque ligne de cet ouvrage pour que nous insistions à la démontrer. Ne considérons donc cette vertu que sous quelques rapports plus propres à nous en manifester la force et l'étendue ; et, pour l'admirer davantage, interrogeons les paroles et les actes de Notre-Seigneur Jésus-Christ lui-même. Quels sont ceux qu'aima de préférence ce Dieu dont le nom est Charité ? D'abord les pauvres. Il les appelle ses frères, ses cohéritiers, ses membres ; il regarde comme fait à sa propre personne tout le bien ou le mal qui leur sera fait. Un des signes éclatants qui proclamera sa divinité, c'est l'évangélisation des pauvres...

Quels furent encore les objets de la prédilection du Sauveur ? Les petits enfants. Il les appelait dans ses bras, il leur prodiguait des caresses, il défendait à ses disciples de les empêcher de venir librement à lui ; il promettait son ciel à ceux qui leur ressemblaient, il menaçait de l'enfer quiconque leur ravirait l'innocence.

Eh bien ! comme son divin modèle, de La Salle n'a-t-il pas ardemment aimé les pauvres et les enfants ? Ne leur a-t-il pas donné sa fortune, ses talents, ses veilles, sa vie entière ? Tous les battements de son cœur n'ont-ils pas été pour ces préférés de Jésus ?

Enfin, envisageons cette charité sous la signification de pardon des injures. Si la victoire sur notre cœur, indiquée par ces mots, est le cachet spécial, le vrai triomphe du christianisme, eh bien ! affirmons que c'est sous ce rapport particulier que le saint prêtre ressembla peut-être davantage à Celui qui, mourant au Calvaire, priait pour ses bourreaux. — Voulait-on obtenir de lui une plus grande grâce, il suffisait de lui causer de la peine, une humiliation. « Les outrages semblaient le chemin le plus court pour arriver à son cœur. » On attaque son honneur par les mensonges les plus odieux, on le déchire par des libelles abominables, on le flétrit dans l'enceinte des tribunaux, on le noircit par des moyens que suggère l'enfer, on le poursuit dans sa personne, dans ses disciples ; il est abandonné, trahi par ceux à qui il n'a rendu que des services.

Eh bien ! interrogez les diverses histoires où son nom figure, et vous verrez que toutes ses réponses, toute sa justification sont la patience, le silence, la prière, la charité. Du reste, ceux qui lui furent le plus opposés n'ont jamais poussé la haine jusqu'à dire qu'il s'était vengé de qui que ce fût, alors même que la vengeance lui devenait très facile.

Résumons. Parmi les grands personnages qui

ont, dans ces derniers temps, illustré la France,
le monde et l'Eglise, il est un de ceux qui, du
moins aux yeux des hommes, ont porté plus
loin les vertus qui constituent la sainteté.

CHAPITRE XIII.

FUNÉRAILLES DU VÉNÉRABLE DE LA SALLE. — HOMMAGES QUI LUI SONT DUS.

Dès que la nouvelle de la mort du Père de La Salle fut répandue dans la ville et la banlieue de Rouen, on accourut de tout côté pour le voir, le contempler, le vénérer encore ; nul de ceux qui l'avaient connu plus intimement ne s'en approchait, ne s'en éloignait, sans répéter : C'était un saint !

Chacun voulut avoir part à ses dépouilles; on déchira ses vêtements, on se disputa ses cheveux, et ces restes furent conservés moins comme souvenirs de l'homme de bien que comme gages de sa protection.

Sa famille de Saint-Yon se réserva son crucifix, son Bréviaire, sa Bible, son Imitation, son rosaire. Ces objets n'étaient sa propriété personnelle que par l'usage continuel qu'il en faisait. Le digne prêtre ne s'était rien réservé, pas même ces choses si simples, si peu coûteuses, et nécessaires à son cœur comme l'est au cerf altéré l'onde limpide et fraîche des fontaines.

La maison-mère de Paris garda la ceinture de fer garnie de cent vingt-six pointes qu'on trouva autour de son corps, et la croix en tissu de fer armée de cinquante-six pointes qui lui macéra la poitrine jusqu'à son dernier soupir.

Paré des vêtements sacerdotaux, le corps fut exposé dans la chapelle de Saint-Yon, puis inhumé sans pompe près de l'autel de sainte Susanne, dans l'église de Saint-Sever. Sans pompe, disons-nous, à cause des offices de la Semaine sainte, mais non pas sans un concours prodigieux de personnes de tout âge et de toutes les classes, qui même de loin vinrent entourer son cercueil.

Sur son tombeau fut placée cette épitaphe :

D. O. M.

HIC EXPECTAT RESURRECTIONEM VITAE
VENERABILIS JOANNES-BAPT. DE LA SALLE, PRESBYTER,
DOCTOR THEOLOGICUS, CANONICUS ECCLESIAE
METROPOLITANAE REMENSIS, INSTITUTOR
FRATRUM SCHOLAE CHRISTIANAE. OBIIT SEXTA
PARASCEVES, ANNUM AGENS LXVIII, DIE SEPTIMA
APRILIS 1719, IN AEDIBUS
FRATRUM SANCTI-YONIS, HUJUS-CE PAROCHIAE.
DET ILLI DOMINUS
INVENIRE REQUIEM IN ILLA DIE.

ICI ATTEND LA RÉSURRECTION
LE VÉNÉRABLE J.-B. DE LA SALLE, PRÊTRE,
DOCTEUR EN THÉOLOGIE, CHANOINE DE L'ÉGLISE
MÉTROPOLITAINE DE REIMS, FONDATEUR
DE L'INSTITUT DES ÉCOLES CHRÉTIENNES, MORT LE
VENDREDI-SAINT, 7 AVRIL 1719,
AGÉ DE 68 ANS,
DANS LA MAISON DES FRÈRES DE SAINT-YON
DE CETTE PAROISSE.
QUE LE SEIGNEUR LUI DONNE DE TROUVER
LE REPOS EN CE JOUR !

Entre toutes les lettres de condoléance envoyées aux Frères, nous citerons seulement celle des prêtres de Saint-Nicolas à Paris :

« Mes chers Frères, c'est avec bien de la douleur que j'ai reçu votre lettre touchant la mort de votre très honoré Père M. DE LA SALLE, que M. de La Vertu m'avait déjà apprise. J'ai fait part de cette triste nouvelle à notre Communauté, et je l'ai recommandé à ses prières. Vous ne doutez pas que chacun ne se soit uni à vous pour déplorer la perte de ce digne prêtre, que chacun, et moi en particulier, regarde comme un saint qui prie pour nous dans le ciel. Je ne crois pas que votre Communauté puisse jamais manquer, ayant un tel protecteur auprès du Seigneur ; vous savez mieux que personne la sainteté de sa vie et les contradictions qu'il a essuyées pour votre établissement, marque évidente que c'est l'ouvrage de Dieu, dont j'espère l'affermissement par ses prières en votre correspondance.

» Nous avons eu le bonheur d'être édifiés de sa présence pendant plusieurs mois qu'il nous a fait l'honneur de demeurer parmi nous ; et je crois que Dieu l'y avait envoyé pour y prêcher notre jeunesse par son exemple et nous retirer nous-mêmes de notre relâchement. Sa vie y était des plus humbles et des plus mortifiées : il dormait peu, et priait beaucoup. Notre excitateur m'a dit plusieurs fois qu'il le trouvait toujours levé en allant éveiller, même pendant les froids de l'hiver, pendant lequel il n'a été au chauffoir que quand je l'y conduisais par force, ce qui arrivait rarement, mes heures ne concourant pas avec les siennes. Il faisait tous les jours au moins régulièrement trois heures de méditation. Il s'était rendu plus régulier que le moindre des séminaristes, obéissant avec une promptitude édifiante au premier son de la cloche qui appelle aux exercices. Il était si soumis qu'il fatiguait M. le Préfet à force de lui demander des permissions qu'on n'exige pas même des séminaristes. Il acceptait si volontiers les prières qu'on lui faisait pendant les récréations d'assister aux convois de charité, ou de faire des enterrements d'enfants, qu'il semblait que cela lui fût un grand sujet de satisfaction; en un mot, la retraite, l'oraison, la charité, l'humilité, la mortification, la vie pauvre et dure, étaient toutes ses délices. J'espère que cette mort ne me séparera point de l'affection de votre Communauté, que vous me ferez toujours l'honneur de me regarder comme un de vos amis. »

Nous ne vous ferons remarquer, chers enfants, qu'un passage de cette touchante lettre. « Je ne crois pas, y est-il dit, que votre Communauté puisse jamais manquer, ayant un tel protecteur. »

C'est qu'un saint pénètre, pour ainsi dire, de sa sainteté tous ceux qui l'approchent, et surtout ceux dont il est aimé. Couronné dans les cieux, il la communique encore davantage, parce qu'il en comprend mieux la gloire qui en résulte pour cette Trinité adorable qu'il contemple nuit et jour. D'où s'alimente la vie toujours forte et puissante des enfants de Benoît, de Bernard, de Thérèse, de Claire, de François d'Assise, de Dominique, de Vincent de Paul, de François de Sales, de Liguori, si ce n'est dans celle de leurs fondateurs ?

Ces grandes et innombrables familles qui durent et s'étendent depuis des siècles ne périssent point, malgré les combats qu'elles ont à soutenir contre les passions et l'enfer, parce que leurs armes offensives et défensives sont la sainteté, à laquelle elles participent au moins dans leurs statuts, et qui les rend toujours invulnérables. Miracle de la grâce ! preuve de la divinité de la religion catholique que le monde a tous les jours sous les yeux, mais qu'il ne comprend point ; quoique pour en avoir l'intelligence il lui suffise de voir crouler incessamment, au bout de peu d'années, les institutions et les œuvres qui ont eu cependant pour fondateurs ces grands hommes qu'il décore du nom pompeux de génies, de réformateurs ou de philanthropes par excellence!

Continuons. Ce témoignage rendu aux vertus de M. de La Salle par le supérieur d'une de nos plus pieuses communautés de France doit donc être d'un grand poids. Ainsi que l'observe un de ses historiens, les hommes vertueux sont ceux qui se connaissent le mieux, et qui savent garder la vérité dans leurs éloges.

Quinze ans après, en 1734, l'église de Saint-Yon étant terminée, les Frères obtinrent la permission d'y déposer les restes vénérés de leur fondateur.

Comme vous comprenez très bien, chers enfants, que la gloire d'un père rejaillit naturellement sur sa famille, nous ne saurions omettre les paroles prononcées du haut de la chaire en cette circonstance. Honorables pour le maître, elles le sont aussi pour les disciples, puisqu'elles disent comment ils ont de bonne heure conquis l'estime et la reconnaissance des peuples. C'est le curé même de Saint-Sever que vous allez entendre; témoignage d'autant plus remarquable que, par des raisons que nous ne connaissons pas bien, il s'était montré peu favorable au Père de La Salle pendant qu'il vivait. Le vide laissé par la mort du digne vieillard, et l'hommage spontané et général de toutes les classes de Rouen, lui avaient fait sans doute voir, mais trop tard, qu'il s'était trompé sur son compte.

Voici un fragment de son discours :

« En conséquence des ordres de Mgr l'archevêque de Rouen, primat de Normandie, pair de France, premier aumônier de la reine, représenté par M. l'abbé Bridelle, docteur de Sorbonne, chanoine archidiacre de l'église de Rouen, prieur de Beaulieu, l'un de ses vicaires généraux, et pour la bienveillance que je porte à votre Institut, et spécialement à cette maison qui en est la mère, je remets, mes très chers Frères, dans votre église les précieux restes du corps de feu messire Jean-Baptiste DE LA SALLE, prêtre, docteur en théologie, ancien chanoine de l'église métropolitaine de Reims, votre instituteur, décédé après avoir été muni, par mon ministère, des saints sacrements de l'Eglise, qu'il reçut avec toute la piété possible en cette maison, le 7 avril 1719, et inhumé le lendemain en mon église paroissiale. Ce serait ici le lieu, suivant le cérémonial ordinaire, de dire quelque chose de la noblesse de son extraction ; mais le généreux mépris qu'il fit des espérances que lui pouvait donner une naissance distinguée m'apprend à me taire. Je ne relèverai point non plus les qualités éminentes de son esprit et de son cœur, et l'avantage de son extérieur, qui rendait sa piété vénérable à tous ceux qui le voyaient; mais je ne saurais m'empêcher de préconiser ici sa charité, son zèle et son humilité, sources fécondes de toutes les vertus chrétiennes et apostoliques, qui, l'élevant au-dessus de toutes les choses visibles et périssables, ne le firent vivre que pour adorer son Dieu, ne penser que pour le prier, ne parler que pour le louer, ne travailler et ne souffrir que pour le mériter. Ce sont là, mes chers Frères, les témoignages que je me sens obligé de rendre à la mémoire d'un si saint prêtre dont j'ai reçu les derniers moments, et avec qui j'ai eu des liaisons assez étroites pendant les deux dernières années de sa vie. Fasse le ciel que ce précieux dépôt, que je remets dans cette église, soit un gage entre votre Communauté et moi de l'union que je souhaite entretenir, et qu'elle passe à mes successeurs! »

Qu'on tienne compte du lieu, des circonstances, des qualités et du caractère de l'orateur, et l'on verra de quelle valeur sont des éloges dont assurément chaque mot a dû, pour ainsi dire, être pesé avant de tomber de la chaire sacrée.

CHAPITRE XIV.

CE QUE LE VÉNÉRABLE DE LA SALLE NOUS A LAISSÉ. — PROCÈS DE SA BÉATIFICATION.

Ce qui nous reste du Vénérable de La Salle, c'est d'abord sa riche couronne sur la terre, nous voulons dire sa nombreuse et sainte famille. Dès le jour de sa naissance elle n'a fait que grandir. Bien des modifications ont eu lieu dans le régime des communautés, dans les lois et les méthodes de l'enseignement; bien des attaques ont été surtout dirigées contre les Frères; car le monde et le démon ne cesseront jamais de se liguer contre tout ce qui porte le cachet de Dieu, contre toute âme défendant haut et sans crainte la vérité et la vertu ; mais ces attaques et ces vexations ont été vaines. Les disciples de de La Salle parlent, agissent, vivent comme leurs prédécesseurs au xviiᵉ siècle.

Il y a eu cependant une interruption, non pas dans l'existence même de l'Ordre, mais dans sa liberté d'enseigner, de faire du bien. Avant nous, chers enfants, vous avez nommé 1793, cette époque de honteuse et triste mémoire ! vous nous montrez cette page de votre histoire de France toute écrite en lettres de sang ! Que de crimes, de forfaits inouïs dans ces jours où tout ce qu'il y a de respectable et de sacré fut foulé aux pieds, où l'on glorifia publiquement la dépravation et l'infamie ; dans ces jours que Dieu permit pour apprendre à la terre et à nos derniers neveux de quoi est capable un peuple qui a perdu la foi !

Nous nous étendrons un peu sur le rôle des Frères dans ces années malheureuses ; car parler de la vertu des enfants, n'est-ce pas toujours parler du père, s'il la leur a léguée comme unique héritage et imposée comme une condition de leur existence ?

La fureur révolutionnaire qui renversait les temples, brisait les croix et les autels, égorgeait les prêtres et les évêques, ne pouvait donc pas

respecter des religieux voués de corps et d'âme
à la défense de cette Eglise abhorrée et persécutée.
Voulant détruire radicalement la religion catholique en France, comment ne se serait-elle pas
hâtée d'en abattre les principaux appuis? La ma-
jeure partie de la jeunesse pouvait-elle être gagnée
à la cause des impies tant qu'elle fréquenterait
des écoles où on lui apprendrait, où on lui ré-
pèterait continuellement : Qu'il vaut mieux cent
fois mourir que de trahir la sainte cause de Jésus-
Christ?

Dès le 29 octobre 1789, l'Institut des Frères,
frappé d'un coup mortel par le décret de l'As-
semblée nationale qui supprimait l'émission des
vœux, fut entièrement aboli par le décret du
13 février de l'année suivante, qui défendait toutes
les congrégations.

En vain le Frère Agathon, alors supérieur-
général, écrivit-il un mémoire admirable, de-
mandant au nom de la justice et de l'humanité
grâce pour une congrégation qui ne vivait que
dans l'intérêt des pauvres. En vain quelques
députés plaidèrent avec chaleur la cause de l'innocence, firent entendre de courageuses paroles
contre l'iniquité ; l'iniquité resta victorieuse. Les
diverses maisons des Frères furent obligées de se
dissoudre, malgré les gémissements et les récla-

mations des classes indigentes comblées partout de leurs bienfaits depuis plus d'un siècle.

Arrive la *Constitution civile du clergé*. Le clergé de France repoussant avec horreur cette œuvre schismatique, cette hérésie monstrueuse, se voit bientôt persécuté, incarcéré, mis à mort. Les fils du Vénérable de La Salle ne manquent pas à leur devoir en ces circonstances, eux aussi veulent souffrir et mourir ; ils refusent de proférer l'abominable serment, et pour prix de cette fermeté ils sont réduits aux mêmes tribulations que les prêtres du Seigneur.

Nous aurions donc à vous offrir, chers enfants, de bien édifiants tableaux. Bornons-nous à quelques faits plus saillants.

Ici c'est le Frère Agathon, homme aussi éminent par le savoir que par la vertu. Obligé de se cacher, le noble vieillard se rend à Paris avec le Frère Salomon, son secrétaire. Tandis que celui-ci est conduit aux Carmes, où, après une reclusion de huit mois, il périt dans les massacres de septembre, lui-même est condamné comme *suspect* et emprisonné d'abord à Sainte-Pélagie, puis transféré à Bicêtre, et de là au Luxembourg. Il allait être conduit de la Conciergerie à l'échafaud, lorsque la mort de Robespierre, le 27 juillet 1794, mit fin aux proscriptions et ouvrit la plupart des cachots.

Là ce sont trois autres Frères jetés au fond d'un vaisseau mouillé dans la rade de Rochefort, et y mourant de la mort la plus lente et la plus douloureuse.

Plusieurs, comme le Frère Abraham, n'échappent aux bourreaux que par miracle; plusieurs souffrent çà et là en France ou sur la terre étrangère de la misère et de la faim. Tous honorent par leurs vertus le vêtement qui leur a été arraché, et que la prudence leur défend de reprendre encore.

En 1799, la congrégation semble menacée d'une mort certaine; il n'en reste plus que deux maisons à *Ferrare* et à *Orviette* en Italie; elles sont composées d'environ quinze Frères, et encore la dernière n'a été fondée que depuis peu.

Mais Dieu, qui veillait sur l'Eglise, veillait aussi sur ceux qui l'avaient si généreusement servie et défendue, et qui allaient disparaître victimes de leur dévouement pour elle.

En février 1802, Bonaparte, alors consul, décrète leur rétablissement. Répondant à l'appel que leur adresse d'abord la grande ville de Lyon, ils s'y rendent. Les voici bientôt à Saint-Germain-en-Laye, à Toulouse, à Paris.

7

Le 8 septembre 1805, jour de la Nativité de
la très sainte Vierge, il leur est permis de reprendre publiquement leur costume, que des hommes qui se disaient les vengeurs de la liberté
avaient bien osé leur arracher et couvrir de boue;
comme si ce vêtement eut prêché autre chose
que la patience et la résignation!

En 1808, le 17 mars, lors du rétablissement
de l'Université, l'Institut fut légalement approuvé
par le gouvernement. Leur nouvelle existence était
consacrée avec de grands éloges.

Reconnus comme membres d'un *corps enseignant*,
les dignes Frères, depuis cette époque, se sont
donc remis à l'œuvre. Comme leur fondateur, ils
estiment la science; mais avant elle ils placent
la vertu. Comme lui, ils vous disent chaque jour,
pieux enfants : « La science par elle-même n'est
qu'un instrument; or, si un instrument est confié
à des mains perverses, plus il est perfectionné,
plus il est nuisible. Exploités par un méchant,
le savoir et l'habileté servent uniquement à la
ruine de la morale, des lois, de la société.
Tant de génies richement pourvus de la science
n'ont laissé dans l'histoire qu'un nom abominable.
Pourquoi? c'est qu'ils n'ont suivi que les inspirations viles de leur cœur malfaisant. Oui, la science
suffit si peu par elle-même, que Satan n'est la

plus haute personnification de l'être mauvais que parce qu'il joint la plus vaste intelligence à la plus profonde dépravation. » Voilà le motif souverain de leur prédilection pour le Catéchisme.

A leurs yeux, une seule page de ce livre préféré contient plus de vrai savoir que tous les volumes et les cahiers que vous déployez sur vos tables.

Comme leur fondateur, ils ne cessent encore de vous dire : Les habitudes bonnes ou mauvaises de l'intelligence, du cœur, du caractère et même du corps se contractent dès le premier âge. Comme lui enfin, ils vous répètent cette parole de la Sagesse divine que vous devez recueillir avec respect et tremblement, et qui résume toutes leurs leçons : « L'adolescent aura beau vieillir, il restera dans la voie qu'il a suivie pendant son jeune âge ; les vices de son jeune âge pénètreront jusqu'à la moelle de ses os, et dormiront avec lui dans la poussière du tombeau. »

Ici un abrégé des annales particulières au moins des principales maisons du Vénérable de La Salle devrait naturellement trouver sa place. Certes, ce serait une série d'édifiantes et précieuses histoires. Que de faits admirables, que de traits de dévouement le plus sublime ! Combien de martyres du travail et de l'abnégation ne trouverions-nous pas dans ces pages, si, pour les recueillir un peu complètement, nous interrogions les cités et les bourgs où ces hommes de Dieu ont passé !

Mais non, le cadre de notre livre classique ne nous permet pas ce dénombrement. Et alors nous nous bornons à vous dire que l'Institut dont Dieu vous fait la grâce d'être les élèves, chers enfants, compte en ce moment plus de trois cents maisons, plus de huit mille Frères, quatorze cent mille écoliers, rien qu'en France ; qu'en Europe il n'y a que la Russie et l'Espagne qui ne possèdent pas une de leurs colonies ; car depuis deux ans ils ont un orphelinat en Autriche. Et partout ils recueillent l'amour et la reconnaissance des gens de bien.

Mais pourrait-il en être autrement ? ce succès ne s'explique-t-il pas ? Ayant quitté père, mère, patrie, pour servir Jésus-Christ dans une des parties les plus chères de son bercail, ils sont allés, ils vont partout où sa voix les appelle. Pour eux point de fleuves, de mers, de montagnes infranchissables ; point de rivages inaccessibles, point de peuples inhospitaliers. Ils catéchisent, ils élèvent les enfants et les adultes dans le Levant, dans l'Algérie, en Amérique, à Jingapour, jusque dans l'Océanie. Et partout ils sont les précurseurs, les aides, les collaborateurs infatigables de nos missionnaires. Comme en voyant des soldats fortement disciplinés, insensibles au froid et au chaud, à la faim et à la soif, marchant et courant comme un seul homme, on n'hésite pas à dire : La victoire appartient à de tels guerriers ; de même, à la vue des pieuses phalanges du Père de La Salle, on ne saurait douter de leurs triomphes sur les âmes.

Ajoutons. Pendant sa vie, le Vénérable de La Salle eut le bonheur de voir les néophytes lui accourir de tous côtés ; mais Dieu lui refusa celui de voir son Institut honoré du titre de *corps religieux* par le siége apostolique. Ses supplications et ses démarches avaient été vaines ; il devait boire, comme son divin Maître, le calice jusqu'à la lie. Les bulles de reconnaissance authentique ne parurent que sous Benoît XIII, en 1725. Ainsi ce n'est qu'après sa mort que le saint vieillard a pu bénir le ciel de l'accomplissement de ses premiers désirs. Il souhaitait ces trois choses : approbation de la congrégation comme ordre religieux ; confirmation entière de sa règle telle qu'il l'avait composée ; séparation complète de tout autre institut plus ancien et déjà reconnu par l'Eglise.

Tout cela fut accordé. La seconde concession est un fait aussi rare que glorieux. L'Institut des Frères a ses constitutions propres, et n'a d'autres rapports avec les autres ordres que ceux de la

7..

charité. Ces bulles, du reste, furent agréées par
le roi et par le parlement de Rouen, dans la même
année.

Encore une fois, le saint prêtre avait prévu
tous ces résultats, il les avait prédits la veille de
sa mort; mais Dieu lui refusa la consolation de
les voir sur la terre, pour le récompenser au
ciel de cette confiance toujours vive, toujours
ferme, malgré les déceptions et les contrariétés qui
auraient dû l'affaiblir. Ici-bas il avait semé dans
les larmes; au ciel il devait recueillir dans la
joie.

En s... d lieu, ce que le Vénérable de La Salle
nous a laissé, ce sont trois volumes. Vous en
connaissez surtout deux, chers enfants; la plupart
d'entre vous les savent par cœur : volumes très
simples, tout-à-fait élémentaires, qui, ayant aujourd'hui leur rang au premier rayon de votre
petite bibliothèque, trouveront sans doute toujours leur place dans quelque angle de vos ateliers
ou de vos magasins. Prêtre distingué par ses pro-
fondes études et sa science théologique, le Père
de La Salle aurait pu déposer dans des volumes
destinés à tous le fruit de ses méditations pro-
fondes et si pratiques. Mais Dieu l'appelait surtout,
et comme exclusivement, à l'éducation de l'enfance
et de l'adolescence; il n'a donc écrit que pour

vous. Le grand homme a pris votre langage, s'est fait petit avec vous, afin que vous le comprissiez toujours.

Et vous avez de lui, 1° *Devoirs du chrétien envers Dieu, et moyens de pouvoir s'en acquitter*; 2° *Civilité chrétienne*; 3° *Recueil de différents petits traités à l'usage des Frères.*

Ces trois volumes, réimprimés nous ne savons combien de fois à des milliers d'exemplaires, et édités en plusieurs langues, n'ont subi d'autres modifications, et encore très légères, que dans la forme. Un laps de deux siècles amène nécessairement des changements dans le style, l'orthographe et les mots; mais le fond est resté entier. Et en effet, que pourrait-on vous dire de plus solide, de plus vrai, de plus en harmonie avec vos goûts et vos besoins, que celui qui les avait tant étudiés, au pied de son crucifix d'abord, et puis en ne vous perdant pas un seul instant de vue?

Enfin, ce que de La Salle vous a laissé, c'est son nom glorieux, son nom impérissable. Le jour sans doute n'est pas éloigné où la France reconnaissante lui érigera la statue monumentale demandée pour lui depuis si longtemps par les hommes qui comprennent que, s'il a été juste d'en élever aux personnes illustres dans la carrière des armes, des lettres, de l'agriculture, de l'industrie, de la science, de

l'éloquence et des arts, à égale raison au moins
il en mérite une l'homme qui, en posant les fondements de la vertu pour les jeunes générations,
a ainsi assuré l'avenir des peuples. Les nations
sont-elles jamais autre chose que ce que la
religion les fait? Que si l'âme est plus que le corps,
est-ce que le génie qui, par sa prévoyance et son
dévouement, a affranchi de la misère d'innombrables âmes, n'a pas rendu à son pays des services aussi éminents que celui qui a diminué pour
les corps la fatigue, l'épuisement, ou même les
tortures de la soif et de la faim?

Quels que soient du reste les sentiments du
monde à cet égard, l'Eglise ne faillira pas à son
devoir. Vous avez vu comment, à la mort du Père
de La Salle, cette voix unanime du peuple, qu'on
appelle la voix de Dieu, l'avait proclamé saint.
Aussi bien, échos et interprètes de cette voix re-
tentissant de toutes parts, les évêques de France
et plusieurs de l'Italie ont-ils fait introduire à Rome
la cause de sa béatification et de sa canonisation.
Le décret qui l'autorise fut signé le 8 mai 1840,
par le pape Grégoire XVI. Voilà pourquoi déjà il
est qualifié du titre de VÉNÉRABLE.

Depuis cette époque on s'occupe donc de re-
chercher les faits, les miracles, les documents
propres à prouver que le Vénérable de La Salle

a porté la vertu à ce degré héroïque que la sainte Eglise demande à un défunt, quel qu'il soit, avant d'inscrire son nom dans son martyrologe et de lui dresser des autels.

Priez, mes enfants, pour qu'arrive bientôt l'heure de cette béatification si impatiemment attendue par vos maîtres, par toutes les âmes chrétiennes, par ceux surtout qui s'intéressent le plus vivement à votre bonheur. Quel encouragement incomparable pour les Frères, que celui qu'ils trouveront dans ce décret proclamant la sainteté de leur fondateur et de ses œuvres, et émanant de la plus haute autorité qui soit sur la terre, de cette Eglise colonne indestructible de la vérité!

Malgré la sage lenteur avec laquelle l'Eglise procède dans toutes ses décisions, ce moment n'est peut-être pas éloigné. Au moment en effet où nous terminons ces lignes, un journal officiel de Rome nous dit : On poursuit tout à l'heure avec activité les procès de béatification de cinq personnages appartenant à la France; ce sont les Vénérables Labre, Alain de Solminiac, évêque de Cahors, Géronimo d'Alger, Paul d'Andréa, chanoine de Carpentras, et le Père de La Salle.

Priez donc encore une fois, chers enfants, pour qu'arrive bientôt le jour de cette glorification solennelle; oui, priez dans cette intention; priez pour que cette autre étoile bienfaisante apparaisse visible dans le ciel déjà si beau de notre France. Avec plus de certitude alors vous implorerez le patronage de Jean-Baptiste de La Salle pour vous-mêmes et pour vos maîtres ; et par vos prières plus répétées, plus confiantes, vous deviendrez encore mieux la consolation de vos familles, la joie de l'Eglise, les enfants privilégiés de Notre-Seigneur Jésus-Christ !

FIN.

TABLE DES MATIÈRES.

— ∘⋅✦⋅∘ —

Chap. I. Les Vies des Saints. — Surtout l'élève des écoles chrétiennes doit connaître celle du Vénérable de La Salle.   7

II. Saint Vincent de Paul et le Vénérable de La Salle.   14

III. Famille de La Salle. — Sa première enfance.   19

§ I. Son désir de s'instruire des vérités de la foi.   24

§ II. Son amour pour les temples de Dieu.   28

§ III. Sa conduite en famille et à l'école.   34

IV. Ses premières années dans l'état ecclésiastique.   41

V. Premières épreuves de l'abbé de La Salle. — Son élévation au sacerdoce. — Fondation de la communauté des Sœurs de l'Enfant-Jésus.   46

VI. Il se forme quelques disciples. — Premières épreuves.   55

VII. Les deux premières écoles du Vénérable de La Salle.   60

VIII. Le Vénérable de La Salle se dépouille de son canonicat et de sa fortune. 71

IX Premiers disciples du Vénérable de La Salle. — Leurs vœux. — Leurs succès. 82

X. Suite des travaux et des fondations du Vénérable de La Salle. 94

XI. Maladie et mort du Vénérable de La Salle. 103

XII. Vertus du Vénérable de La Salle. 118

Foi du Vénérable de La Salle. 121

Son espérance. 124

Sa charité : 1° Pour Dieu; 2° pour le prochain. 126

XIII. Funérailles du Vénérable de La Salle. — Hommages qui lui sont dus. 132

XIV. Ce que le Vénérable de La Salle nous a laissé. — Procès de sa béatification. 141

FIN DE LA TABLE.

LIMOGES ET ISLE.

Imprimeries de Louis et Eugène Ardant frères.

www.ingramcontent.com/pod-product-compliance
Lightning Source LLC
Chambersburg PA
CBHW052356090426
42739CB00011B/2385